FICHA CATALOGRÁFICA
(Preparada na Editora)

Frungilo Júnior, Wilson, 1949-

F963d   *Do Outro Lado* / Wilson Frungilo Júnior, Araras, SP, IDE, 30ª edição, 2006.

160 p.

ISBN 85-7341-347-6

1. Romance 2. Espiritismo. I. Título.

CDD-869.935
-133.9

Índices para catálogo sistemático:

1. Romance: Século 20: Literatura brasileira 869.935
2. Espiritismo 133.9

DO OUTRO LADO

WILSON FRUNGILO JR.

ROMANCE ESPÍRITA

ISBN 85-7341-347-6

30ª edição - abril/2006
3ª reimpressão - julho/2024

Copyright © 1983,
Instituto de Difusão Espírita - IDE

Conselho Editorial:
Doralice Scanavini Volk
Wilson Frungilo Júnior

Projeto e Coordenação:
Jairo Lorenzeti

Capa:
César França de Oliveira

Diagramação:
Maria Isabel Estéfano Rissi

Parceiro de distribuição:
Instituto Beneficente Boa Nova
Fone: (17) 3531-4444
www.boanova.net
boanova@boanova.net

INSTITUTO DE DIFUSÃO ESPÍRITA - IDE
Rua Emílio Ferreira, 177 - Centro
CEP 13600-092 - Araras/SP - Brasil
Fones (19) 3543-2400 e 3541-5215
CNPJ 44.220.101/0001-43
Inscrição Estadual 182.010.405.118

www.ideeditora.com.br
editorial@ideeditora.com.br

Todos os direitos reservados. Nenhuma parte desta publicação pode ser reproduzida, armazenada ou transmitida, total ou parcialmente, por quaisquer métodos ou processos, sem autorização do detentor do copyright.

DO OUTRO LADO

Wilson Frungilo Jr.

Romance espírita

ide

Sumário

I - Duas famílias............................ 9

II - Vereda, o mágico..................... 37

III - O espetáculo......................... 51

IV - Visita ao orfanato.................... 63

V - O segredo.............................. 75

VI - Novos acontecimentos............. 99

VII - Lições de Fabrício................. 113

VIII - Revelações......................... 143

I

Duas famílias

— VAI "NANÁ", BETINHO, QUE AINDA É MUITO CEDO. VAI pra caminha, vai.

— Huuummmmmnnnnãããão!

— Vai dormir, menino. Tá quentinho na cama.

— Nnnnnnnãããããão!

— Então, senta aí, quietinho, enquanto o papai faz a barba.

No minúsculo banheiro, Albertinho, filho único, de quatro anos, vai agachando-se até sentar-se, pesadamente, e fica olhando, com interesse e cenho franzido, o pai fazer a barba.

Seu Alberto dá um sorriso ao menino e começa a escanhoar-se, satisfeito com a pronta obediência do filho.

Como acontecia toda a manhã, nesse ritual do barbear, ele entra em devaneio, coordenando as ideias no serviço que terá de executar naquele dia, apesar de saber que nada de novo fará no trabalho, pois há mais de oito anos opera naquela mesma linha de montagem, na fábrica. Sabe que não passa de uma pequena engrenagem da empresa, aliás, uma peça muito fácil de ser trocada quando começar a apresentar defeitos ou atrasos na produção.

Também faz parte de seus pensamentos matinais, a preocupação com seu filho Albertinho. Será que conseguirá com que tenha uma profissão ou um estudo? Não tem a menor ideia. O que ganha, dá suficientemente bem para sustentar a família de três pessoas apenas, mas tem medo do futuro, da instabilidade.

– Ainda bem que existe a loteria – fala, dirigindo-se ao menino que, sem entender o significado dessas palavras, apenas sorri.

– Você falou comigo? – pergunta dona Eunice, sua esposa, lá da cozinha.

– Não. Eu falei com o menino.

– O que você disse?

– Eu disse ao Betinho que ainda bem que existe a loteria.

– Por quê?

– Porque enquanto houver uma loteria, a gente sempre terá ilusões.

– E o que você pensa que o menino entende dessas coisas de loteria?

– Não falei para que ele entendesse.

– Por que falou, então?

– Porque me deu vontade de falar, ué!

Seu Alberto termina de barbear-se, lava o rosto na pia de esmalte esfolado e faz um pequeno truque para que a torneira permaneça fechada, sem pingar. Olha, novamente, para o menino e recorda-se do dia em que aquele pequenino ser entrou em sua vida:

"Já era noite quando chegou do trabalho e, qual não foi a sua surpresa e, mesmo espanto, quando viu Eunice, sua mulher, embalando uma criança que deveria ter mais ou menos uns seis meses de idade.

– De quem é essa criança, Eunice?

– Alberto, se eu contar, você não acredita.

– Pois conta, mulher.

– Eu a encontrei dormindo, aí, na soleira da porta, embrulhada nestes panos.

– Você está brincando, Eunice. Conta a verdade.

– Pois é a verdade. Aí, então, procurei pelos seus pais, na redondeza, mas ninguém conhecia a criança.

– Meu Deus!

– Ela estava com fome e eu comprei leite e esta mamadeira... É um menino...

– E o que faremos?

– Não sei... vamos tentar encontrar seus pais. Ele é tão bonzinho, Alberto... Não chora...

– Mais essa... já não chegam os problemas que temos!

– Fala baixo, Alberto. Ele está dormindo.

– Olhe, Eunice. Amanhã é sábado e nós vamos procurar os pais dele.

– E onde ele vai dormir, hoje?

– Ele pode dormir aqui na sala, no sofá.

– Então, segure o menino, enquanto esquento a comida.

– *Eu?!*

– *É... Você."*

Alberto, então, começa a lembrar o quanto procuraram os pais do bebê. Procuraram no sábado, no domingo e no fim da semana seguinte. Até que um dia, depois de um mês:

"*–Alberto...*

– *Sim...*

– *E se os pais aparecerem?*

– *Levarão o menino...*

– *Mas... e se não forem os pais verdadeiros?*

– *Como assim?*

– *Terão que provar!*

– *Bem, o menino tem uma pequena mancha no ombro e, certamente, eles terão que se lembrar.*

– *Terão que dizer antes! – diz a mulher, categórica.*

Depois de alguns minutos de silêncio.

– *Alberto...*

– *Sim...*

– *Eu não quero mais devolver o menino – diz Eunice, chorando.*

– *O quê...?*

– *É isso mesmo. Você sabe que não podemos ter filhos e estou gostando da criança. É... bem... é... como se fosse meu filho.*

– *Que bobagem, Eunice!*

– *Bobagem para você, que fica o dia todo na fábrica e nem se lembra que tem uma criança em casa. Eu fico o dia inteirinho tomando conta dele. E não me diga que não gosta dele. Quero ver na hora de entregar a criança.*

— Eunice...

— Você até o chama de Albertinho!

— Também gosto dele, mulher, mas o que podemos fazer?

— Vamos adotá-lo.

— Adotá-lo?!

— Isso mesmo. Vamos adotá-lo. Nós vamos falar com o juiz, ou sei lá quem e tenho certeza de que ele vai deixar a gente ficar com ele."

Alberto lembra-se, então, de que, após alguns meses de muita burocracia e entrevistas, conseguiram finalmente a sentença judicial para adotarem e registrarem o menino como filho deles.

Ainda está em devaneios, quando a esposa grita, lá da cozinha:

— Vem tomar o seu café, Alberto. Traz o menino.

— Vamos, Betinho.

— A cozinha é pouco maior que o banheiro, contendo um fogão, uma pia, um armário e uma pequena mesa, encostada na parede.

Albertinho corre até o canto, perto da porta, e pega seu único brinquedo, um pequenino automóvel de plástico.

— Vuuuuuuuummmm!!! Vuuuuuuuummmm!!!

— Fom! Fom! – brinca o pai.

— Fom! Fom! – responde o filho.

Enquanto Eunice termina de preparar a marmita do marido, este, tomando o café, desabafa, como sempre o faz, de manhã:

– Vamos ter de trabalhar duro, hoje. A produção da fábrica está atrasada. Eu precisava mudar de emprego, sabe?

– Mas você diz que gosta do serviço.

– Do serviço, eu gosto. O que não aguento é olhar para a cara do Silva, todo o dia, quando ele vistoria a fábrica.

– Ele é o diretor da empresa, Alberto.

– Eu sei que ele é o diretor, mas o que você quer que eu faça, se tenho verdadeiro ódio por ele?

– O que, Alberto?! Ele nunca lhe fez nada. Você até reconhece que ele é muito humano.

– Eu sei, Eunice, eu sei! E procuro sempre pensar assim. Mas é impressionante! Toda vez que o vejo, tenho vontade de matá-lo.

– O que é isso, Alberto?!

– Não sei! Não sei!

Ficam em silêncio.

– Sua marmita está pronta. Não se esqueça de trazer um litro de leite.

Alberto puxa do bolso alguns trocados e torna a colocá-los de volta.

– Está acabando o dinheiro?

– É... está no fim, mas daqui a cinco dias, recebo outra vez.

– Tenho de comprar o meu remédio, hoje.

Dona Eunice tem o coração fraco, em virtude de uma lesão congênita, que a obriga a tomar um determinado remédio, diariamente.

– Pede para o seu Fabrício marcar na nossa conta e diga a ele que, no dia dez, deste mês, eu pago – diz Alberto, levantando-se, ainda com a xícara de café nos lábios.

Beija o filho, a esposa, e sai para o trabalho.

* * *

– E então, Silva? – pergunta, ansiosa, dona Nega, ao marido.

Silva limita-se a menear a cabeça, negativamente, passando Moacir, o pequenino de cinco anos, para o colo da esposa. O menino abraça a mãe.

– Gostoso viajar, mamãe!

– Passeou bastante, Moacir? – pergunta a mãe ao filho, disfarçando a ansiedade pela resposta de seu marido.

– Muito barulho, mãe. Muita gente.

– Vou levar você para brincar um pouquinho e depois a Maria vai dar-lhe um banho, tá?

– A senhora liga o rádio?

– Ligo – responde a mãe, levando o menino até o quarto e voltando, imediatamente. Silva está sentado no sofá, com o rosto apoiado nas mãos, demonstrando evidências de cansaço e desalento. Dona Nega ajoelha-se defronte a ele e apoia-se em seus joelhos.

– E então? Como foram os exames? – pergunta, nervosa.

– Negativo.

– Como, assim, negativo?!

– Mais uma vez, o médico foi categórico: não há indicação de transplante de córnea para nosso filho.

– Mas, como?! O doutor Silveira nos garantiu que esse médico era um grande especialista e que havia esperanças...

– Eu sei, Nega, mas o nervo ótico de nosso filho está atrofiado e não há chance nenhuma.

– Não pode fazer um transplante?

– Infelizmente, não.

– Não entendo...

– É o nervo ótico que liga os olhos ao cérebro e o de Moacir está defeituoso. É a mesma coisa de você querer ligar uma lâmpada em uma tomada, se os fios estão rompidos. Não tem jeito mesmo.

– Oh, meu Deus! – clama e chora, copiosamente.

– Acalme-se, mulher. Tenhamos fé em Deus. Ele sabe o que faz.

– Eu eu rezei tanto! Fiz até promessa, que cumpri, antes mesmo de saber o resultado!

– Eu disse a você para não se iludir.

A mãe corre em direção ao quarto e abraça o menino que, com o olhar sem controle, brinca, apalpando uma boneca.

– Por que está chorando, mamãe?

– Por nada, meu filho... por nada...

– Eu sei por quê.

– Sabe...?

– É porque o homem disse que nunca vou poder enxergar.

– Vai sim, meu filho! Um dia, você vai...!

– Nega! – diz, autoritário, o pai, da porta do quarto. – Não se iluda e nem ao menino.

– Mamãe... papai...

– O que é, filho?

– Eu vou contar uma coisa que vocês não sabem.

– Conta.

– Eu enxergo quando vocês falam que é de noite e deitam e eu também deito.

– Como é que é?! – pergunta o pai, agachando-se perto do menino.

– Quando deito, na hora que vocês também deitam, eu acho que durmo e começo a enxergar.

– Ele sonha, Silva.

– Sonha com o quê, Nega, se ele nunca viu nada e não sabe como são as coisas?

– Sonho, sim, pai. Sonho com crianças e brinco com elas.

– Como você sabe que são crianças?

– Porque sei. São do meu tamanho e não do tamanho de vocês.

– E o que mais você "vê" no sonho?

– É bonito! Tem umas coisas que elas chamam de árvores.

– O quê?

– Árvores, Silva.

– E como são essas árvores?

– Eu pus as mãos nelas e acho que são iguais àquela laranjeira que tem no quintal do vovô. Por que a árvore é igual à laranjeira?

– Porque a laranjeira também é árvore.

– Mas é laranjeira ou árvore?

– A laranjeira é um tipo de árvore.

– Eu não entendo.

– Existe árvore que tem a laranja que você chupa e que é chamada de laranjeira. Existem outras, que dão mamão e são chamadas de mamoeiros.

– E o senhor é um homem chamado Silva e papai.

– É isso mesmo.

– E do que vocês brincam?

– De correr. É tão gostoso, mamãe!

***

– Acho que ele está inventando, Nega – diz Silva, já na sala, com a esposa.

– Será? Mas como poderemos saber?

– Eu acho que devemos perguntar mais sobre determinadas coisas que ele vê dormindo, para podermos saber se está falando a verdade, ou não.

Dizendo isso, Silva não se contém e vai até o banheiro, onde Maria, a empregada, dá banho no menino.

– O que mais você vê, Moacir?... quero dizer... quando dorme...?

O menino pensa um pouco.

– Tinha uma coisa bonita que mexia, mexia,... balançava... balançava... e eu pus a mão.

– O que era?

– Era igual à água que eu bebo e tomo banho. Só que estava tudo no chão e minha mão entrava dentro, igual, aqui, na banheira e, quando parava de balançar e ficava quieta, tinha um menino lá dentro.

– Um menino?

– É, um menino. As outras crianças disseram que era eu.

– O reflexo!!! Nega! Ele viu o reflexo dele!!! Ele está falando a verdade!

– Meu Deus! – exclama a esposa.

– Amanhã vou até a capital, outra vez, falar com o médico.

– Falar o quê?

– Vou perguntar se isso é possível.

Saem do banheiro.

– Estou assustado, Nega. Isso não é normal. Se ele nunca enxergou, como pode saber e sonhar?

– Acho que você não deve se precipitar, indo falar com o médico, Silva.

– Por quê?

– E se isso, realmente, não for normal? Tenho medo...

– Eu não sei...

***

Dona Eunice está no pequeno cômodo que lhe serve de sala, sentada num sofá verde desbotado, enquanto

Albertinho, deitado, com a cabeça apoiada em seu colo, assiste a um desenho animado, na televisão branco e preto, instalada em cima de um banquinho de madeira. Já são quase oito horas da noite, quando a porta é aberta, dando passagem a Alberto.

– Oh! Onde você esteve até agora? Estava preocupada. E o menino...

– Eu estava em uma reunião com o pessoal da fábrica... mas, o que tem o Betinho?

– Ele teve febre alta.

Alberto abaixa-se e cola os lábios na testa do menino.

– Não está mais.

– Dei um banho nele e um comprimido.

– Será a garganta?

– Acho que não. Eu acho que foi tristeza.

– Tristeza?

– É.

– Ele está quietinho, mesmo. Nem liga para mim. O que aconteceu?

– Não sei, direito. Eu estava consertando sua calça, aqui na sala, e ele brincava no quarto. De repente, ouvi soluços. Corri até lá e ele estava com o carrinho de plástico nas mãos. O brinquedo estava quebrado ao meio e ele tentava grudar os dois pedaços, sem o conseguir. Você precisava ver com que cara de desespero ele olhou para mim, com lágrimas nos olhos. Quase morri de pena. Nunca pensei que gostasse tanto do brinquedo.

– Gostava, sim, Eunice. Esse carrinho já tem mais de um ano e ele não o larga nunca.

– Daí, comecei a agradá-lo, mas, cada vez mais triste, começou a ter febre. Agora, está bonzinho.

– O menino olhou para o pai e, num repentino rasgo de contentamento, disse-lhe, eufórico:

– Me dá o aviãozinho, pai?

– Aviãozinho? Que aviãozinho?

– O aviãozinho que o papai trouxe para mim.

– Como é que você sabe que eu lhe trouxe um aviãozinho?!

– Dá, papai?! – insiste o menino, já querendo chorar.

Alberto tira do bolso da blusa um pequenino avião de plástico e estende-o ao menino.

– Onde você arrumou isso, Alberto? Comprou?

– Não. Eu achei na rua, no caminho da fábrica.

– Ah, bom! Pensei que tivesse comprado.

– Eunice! Você não está percebendo o que aconteceu?

– O quê?

– Como o Betinho sabia que eu tinha o brinquedo?

– Ahn?! Como é que você sabia do aviãozinho, Albertinho?

O menino limita-se a abraçar o brinquedo.

– Não é bonito, mamãe?

– Betinho... – insiste o pai.

– Não é bonito, pai?

– Betinho... olhe para mim.

O menino olha, sorrindo.

– Como você soube que o papai tinha o aviãozinho?

– Eu sabia, ué!

– Mas eu não lhe falei nada. Não lhe mostrei.

– Eu não sei, papai. Eu sabia e pronto!

Alberto olha para a esposa e esta dá de ombros, alegando ignorância.

– Essa eu não entendi.

– Nem eu. Mas, vai tomar banho, Alberto, enquanto esquento a comida.

* * *

Alberto empurra o prato, satisfeito, já palitando os dentes. Não que a comida fosse especial, pois, na verdade, não passava de arroz, feijão e um pequeno pedaço de carne assada, mas do que Alberto fazia questão, mesmo, era a quantidade, pois com o serviço pesado que executava, durante oito horas, precisava se alimentar bastante.

– A greve vai sair, Eunice.

– Pelo amor de Deus, Alberto, não vá se meter em encrencas! Pense em nós e, principalmente, no seu filho. Se você foi obrigado a entrar em greve, entre, mas fique longe do movimento. Nunca fale nada contra os patrões. Pelo amor de Deus!

– Não se preocupe, que ficarei só olhando. Não vou falar nada e nem fazer nada. Só não posso é "furar" a greve, que não sou desertor e nem traidor de meus companheiros.

Na realidade, porém, a verdade era bem outra: Alberto, não só fazia parte integrante, como também encabeçava o movimento, encarregado de fazer parar a fábrica.

Todos ganhavam relativamente bem naquela indústria, além de grande assistência social, mas Alberto, que era um dos líderes daqueles operários, conseguiu, em poucos meses, inflamá-los contra os diretores da empresa, convencendo-os de que ganhavam muito pouco e que os patrões os exploravam.

– Por causa dessa reunião, que você se atrasou, hoje?

– Foi. Todos estávamos reunidos no sindicato.

Outra mentira. O sindicato não os estava apoiando. Alberto estivera, sim, em uma reunião, na qual planejava, teoricamente, a greve. Tudo estava combinado em seus mínimos detalhes: o pessoal ficaria sabendo da data, na quarta-feira e, na sexta, grupos já preestabelecidos fariam os piquetes para anular qualquer tentativa de "furo". Alberto comandaria o piquete do portão principal de entrada.

* * *

Silva também chega tarde e exausto do trabalho. Detém, nas mãos, a administração de uma grande empresa de montagem de máquinas pesadas, sendo um de seus diretores e acionistas, tendo conseguido tudo isso à custa de muito trabalho. Tanto, que a diretoria da firma não dá um passo sem consultá-lo, pois, na verdade, é ele quem dita as regras do jogo econômico e administrativo, onde nada é decidido sem que lhe passe pelas mãos. É humilde e prestativo junto a todos que o cercam, porém, dirige tudo com mãos fortes e extrema rigidez.

Enquanto janta, dona Nega ocupa-se em alimentar, na boca, o pequeno Moacir, também sentado à mesa.

– Como é, filho, brincou bastante?

– Eu adivinhei tudo o que a mamãe ia colocando na minha mão. Ela disse que estou com muito boa... per... ce... como é que é, mãe?

– Percepção, filho. Per-cep-ção.

– Isso. Percepção.

– Muito bem, filho.

O menino continua a abrir a boca ao contato da colher em seus lábios.

– Você parece preocupado, hoje, Silva.

– Eu...? Não...

– Ora, Silva, eu o conheço bem.

– É... de fato, estamos com problemas na empresa.

– Problemas? Que tipo de problemas?

– Há rumores de que os operários planejam paralisar o trabalho da fábrica.

– Greve?

– É. Greve.

– Mas, por quê? Há três meses, vocês lhes deram um bom aumento!

– Eles acham pouco. Não sei o que está acontecendo. O que pudemos apurar é que, talvez, agitadores estejam infiltrados nesse movimento e instigando-os.

– E o que vocês vão fazer?

– Bem, por enquanto, nada. Afinal, tudo pode não passar de rumores.

– E se for verdade?

– Já alertei a diretoria sobre o problema e já emiti a minha opinião a respeito. A empresa não tem condições de aumentar, pelo menos, por enquanto, os salários. E, além do mais, mesmo que houvesse essa possibilidade, acho que nós, empresários, não devemos ceder nunca a esse tipo de movimento, que encaro como uma agressão e um golpe sujo, por parte dos operários. Assim como aceito uma conversa franca e sincera, por parte deles, repugno, decididamente, o movimento grevista.

– E qual a solução?

– É manter firme nossa convicção, na tentativa de eles desistirem da greve. Se ela acontecer, de minha parte, só aceito negociar com a volta deles ao trabalho e, mesmo assim, não vai ser rapidamente que poderemos resolver o impasse.

– E para fazê-los voltar ao trabalho?

– Infelizmente, até que isso aconteça, muita crueldade poderá ocorrer, de ambos os lados. E o pior de tudo é que uma empresa sempre tem de acionar a polícia para resolver a questão e é onde perdemos muitos pontos junto aos operários, pois a polícia não tem contemplação nesses casos, mesmo porque, ela, geralmente, também é agredida. Eu expus à diretoria que, num caso desses, o mais importante é ganhar tempo, para não tomarmos decisões precipitadas e a melhor maneira para isso seria a antecipação imediata das férias coletivas que seriam daqui a dois meses. Ninguém pode fazer greve em férias e, com isso, esfriaríamos as tensões e ganharíamos um mês inteiro para estudar melhor o problema.

– Bem pensado.

– Em tempo normal, não podemos proibir que entrem na fábrica e "picotem" o cartão de presença, para depois ficarem sem fazer nada, no pátio da indústria. No primeiro dia de férias coletivas, fecharemos a fábrica.

* * *

Como de costume, Alberto está a barbear-se, com o seu filho a observar-lhe os movimentos, sentado no chão do banheiro. Está absorto, com o pensamento todo tomado com o movimento grevista, rememorando a reunião da noite anterior, onde ficaram sabendo, por intermédio de funcionário ligado à administração, que a diretoria da empresa havia decidido antecipar as férias coletivas para a semana seguinte, numa manobra que visava deter o movimento grevista. Alberto estava furioso, em primeiro lugar, com essa decisão que encarava como um golpe sujo por parte da administração e, também, pelo fato de ela ter ficado sabendo sobre a greve. Deveria haver algum traidor no meio deles, que a cúpula grevista acreditava ser o Clemente, pois, além de ser considerado um verdadeiro bajulador dos chefes, era visto, constantemente, em contato com o administrador geral da fábrica. É... só podia ter sido ele, pois, conhecendo todos os operários da empresa, não via, em nenhum outro, essa possibilidade. E o ódio crescia dentro de si. Seu temperamento era violento, quando em situações adversas, o que o fazia pensar numa vingança contra Clemente. Iria vigiar-lhe os passos e, se fosse verdade o que estava imaginando, dar-lhe-ia uma lição à altura. "– Se a reivindicação der em nada, por causa daquele traidor, juro que o mato!" – pensou Alberto.

De repente, sente um olhar cravado em si e, voltando os olhos em sua direção, vê, pelo reflexo do espelho, seu filho que o olha, fixamente. Disfarça várias vezes, mas não consegue desviar o olhar do pequenino, voltando a cabeça em sua direção.

– Betinho... está gostando de ver o papai fazer a barba?

O garoto fica alguns segundos em silêncio antes de perguntar:

– Você vai matar o homem, pai?

– O quê??!!!

– Você vai matar o homem? – insiste o menino.

– Quem lhe falou isso?

– Ninguém.

– E por que você está perguntando?

– Porque o papai estava pensando...

Alberto sente as pernas bambearem e ajoelha-se ao lado do garoto.

– O que aconteceu, Alberto? – pergunta dona Eunice, de pé, à porta do banheiro. Ela havia chegado naquele instante e assusta-se ao ver seu marido, pálido, com uma expressão patética e de espanto no semblante, de joelhos, ao lado do filho. – Está sentindo alguma coisa?

– Não, eu estou bem. Nosso filho é que anda fazendo algumas coisas estranhas.

– O que ele anda fazendo?

– Você se lembra que, ontem, ele adivinhou que eu estava trazendo um aviãozinho para ele?

– Lembro.

– Hoje, ele leu meu pensamento.

E Alberto conta à mulher o que acontecera.

– Mas você não vai cometer essa loucura, hein, Alberto?!

– É claro que não! Eu estava, aqui, só pensando, mas nunca seria capaz de uma coisa dessas, apesar da vontade que sei que vou sentir quando descobrir o traidor.

– Por favor, Alberto, pense em nós. Não se meta em encrencas.

– Sei o que faço, Eunice. Mas você não percebeu o que o seu filho fez? Ele leu o meu pensamento!

– Será que você não pensou alto?

– Alto?

– É. Às vezes, a gente fala o que está pensando e nem percebe que falou.

– Pode ser... mas não me lembro de ter falado.

– Talvez, porque você estava muito compenetrado.

– Pode ser – concorda, preferindo, mesmo, que tudo tivesse acontecido assim.

* * *

Quando Alberto chega à fábrica, naquele dia, quase não acredita no que vê. Todos os operários estão reunidos do lado de fora, num grande vozerio. Nota que os portões estão fechados, e que vários cartazes estão pregados neles, não precisando chegar muito perto para ler o que está escrito: "FECHADO. FÉRIAS COLETIVAS DOS FUNCIONÁRIOS ATÉ VINTE E TRÊS DE JULHO". Mais embaixo um edital com um fraseado que, para Alberto, não passava de pura demagogia, através do qual a empresa explicava que resolvera antecipar as férias coletivas, por motivos técnicos e administrativos.

Ali mesmo é realizada uma reunião de emergência entre os líderes do movimento, para decidir o que fazer diante de tal resolução, porém, não conseguem chegar a um acordo, sendo que, aos poucos, altos brados de revolta começam a erguer-se no meio daquela multidão de operários que já não se entendem e não sabem o que fazer.

– É uma traição!

– Um golpe sujo!

– Não podemos nos sujeitar a isso!!!

– Vamos entrar à força!!!

– Quebra!!!

– Vamos entrar! Derrubem os portões!!!

E a turba, em grande confusão, começa a forçar os enormes portões da fábrica. Diversas sirenes de alerta são ligadas. O barulho torna-se infernal: as sirenes e a gritaria dos operários, às quais, logo a seguir, soma-se o ruído estridente das sirenes de diversas viaturas policiais que, pela presteza com que entram em ação, pareciam já estarem prontas para esse fim.

Nesse momento, um portão cede, dando entrada aos operários ao pátio da indústria, que, correndo como uns loucos, dirigem-se em direção aos escritórios da empresa. Tiros, dados para o ar, espocam das armas dos policiais e tropas de choque entram em ação, enquanto megafones pedem aos operários que se deitem no chão ou seria pior para eles. Depois de alguns minutos de confronto corporal entre os mais exaltados e a polícia, todos já estão deitados, de bruços, no pátio da fábrica. Os soldados formam fileiras em volta desse amontoado de corpos humilhados, estirados no chão, com as miras das armas apontadas para eles. Então, surge um dos diretores da empresa, que discorre sobre os motivos da medida, dizendo que a firma não deixaria de atender, na medida do possível, às reivindicações e pediu que retornassem às suas casas, gozassem as férias concedidas e que voltassem, depois, a trabalhar. Disse, ainda, que só dessa maneira, poderia haver negociação em torno do que eles pleiteavam.

Alberto nunca havia se sentido tão humilhado em

toda a sua vida, pois, sendo o maior líder do movimento, não se conforma com o que está acontecendo, com a maneira como tudo estava se desencadeando e, principalmente, porque não contava com uma derrota assim, tão fácil e sem resistência. Fervilhava por dentro e, quase não aguentando o calor de seu corpo, aquecido pela revolta e pelo ódio, não se contém, levantando-se e gritando para seus companheiros que permaneciam deitados:

– Levantem-se e lutem! Levantem-se! Vamos lutar!!!

E corre, alucinado, por entre os corpos estirados no chão, tentando erguê-los e incitando-os à luta, porém, sem conseguir resultado algum. O medo havia tomado conta dos operários, que não ousam, sequer, levantar a cabeça, para olhar o companheiro que continua a correr de um lado para outro, gritando:

– Levantem-se! Covardes! Medrosos! Vamos lutar por nossos direitos! Pelos nossos filhos!

Os soldados, por sua vez, crispam as mãos nas armas, temendo que toda aquela massa humana resolva, de repente, se levantar. E Alberto continua fora de si, gritando mais algumas frases de incitamento, até que seus olhos avistam uma figura conhecida, junto a Silva, numa das portas do escritório. É Clemente. Seu dedo move-se, em riste, apontando para o homem.

– Clemente!!! Seu traidor! Judas! Traidoooor!!!

E, num gesto rápido, instintivo e repentino, toma o fuzil das mãos do soldado que lhe está mais próximo, e aponta na direção do companheiro que julgava o causador dessa derrota.

Silva, que está ao lado de Clemente, temendo ser atingido, saca um pequeno revólver, que trazia no bolso do paletó, por precaução. Um estampido se ouve, porém, não é da arma de Alberto e nem da de Silva que sai o projétil, mas sim, da de um soldado, mais experiente, num gesto frio e calculado.

Alberto sente o impacto e, com o sangue a jorrar do lado esquerdo de seu peito, deixa cair a arma que tinha nas mãos, tombando por sobre os companheiros que não ousam se mexer, apesar do peso do seu corpo e do calor de seu sangue.

Atendido às pressas no pronto-socorro mais próximo, nada mais há a ser feito, já que chegara sem vida.

* * *

Entre os operários, ninguém ousa mais falar em greve, pois a experiência por que passaram houvera sido dolorosa demais, principalmente, pelo fato de terem de participar de dois funerais, em dias subsequentes. O primeiro, de Alberto, no dia seguinte ao de sua morte e o segundo, o de sua esposa que, no momento doloroso do enterro do marido, o coração debilitado e fraco não conseguiu suportar o golpe, sofrendo uma repentina e fulminante parada cardíaca, na saída do cemitério municipal.

O pequeno Betinho fica, então, por alguns dias, em casa de amigos, tão pobres quanto Alberto e, apesar da pouca idade, não foi possível esconder-lhe a morte dos pais.

Sofreu que dava pena, porém, os amigos que repassavam, entre si, a guarda do menino, não queriam adotá-lo, tendo em vista o gasto extra que ele lhes dispensaria, pois todos já tinham muitos filhos e resolveram encaminhá-lo, então, a um juizado de menores, que, por sua vez, conseguiu, para ele, uma vaga em um orfanato próximo à cidade.

A adaptação do menino foi difícil e demorada. Indagava, sempre, aos professores e padres da instituição, sobre o possível paradeiro dos pais.

– Eles estão com Deus, meu filho.

– Foram para junto de Jesus.

Albertinho vai se consolando, mais pela maneira carinhosa com que lhe falavam a respeito, do que pelas respostas em si, as quais não conseguia entender muito bem. Muitos de seus companheiros de infortúnio, não conheceram, sequer, os pais, o que lhe dava uma certa ascendência sobre eles, porque conseguia, à sua maneira, descrevê-los. Por comparação, sentia-se satisfeito e feliz com os pais que tivera, pois, ainda outros, chegavam a falar muito mal dos seus próprios, acusando-os de lhes infligirem grandes castigos.

Aos poucos, já com seis anos de idade, passa a lembrar-se dos pais somente em suas orações, antes de deitar.

Aos sete, começa a frequentar o curso primário, no próprio orfanato, demonstrando inata inteligência nos aprendizados do "beabá". Sua vida, como a dos demais meninos, resume-se às aulas matinais, aos folguedos do dia, às horas de estudo e à evangelização da tarde. Além disso, às vezes, a rotina do orfanato é quebrada por visitas de casais interessados na adoção e que, geralmente, apenas servem para causar grande decepção nas crianças que, sempre esperançosas de serem adotadas, veem cair por terra esse sonho, quando os casais partem, sozinhos.

Certa feita, durante uma dessas visitas, algo acontece de muito estranho, fato que chega a impressionar muito os diretores da instituição e o próprio casal que ali fora para tentar uma adoção.

São três horas da tarde quando Padre Eusébio pede às crianças que se perfilem, para receberem uma visita. Corações se iluminam, ante a perspectiva de, talvez, chegarem a ter um lar.

O casal percorre a fila, observando bem os garotos, como se fossem objetos que se pudesse escolher e comprar. Passam por Albertinho e param com um visível interesse em Fernando, menino de seis anos, que está ao seu lado.

– Como você se chama, menino?

– Fernando.

– Quantos anos você tem?

Fernando não consegue responder. Ao começar a falar, uma terrível tosse o acomete, numa indisfarçável crise de bronquite. Avermelha-se todo, com as veias querendo saltar-lhe do pescoço, na imensa força que faz ao tentar respirar nos diminutos intervalos da tosse. Depois de algum esforço, consegue acalmar-se e lágrimas rolam de seus olhos. Os pretensos adotantes passam adiante, começando a examinar outros meninos.

De repente, como se não pudesse se conter, Albertinho exclama:

– Por que não levam ele e tratam de sua tosse?

– Albertinho!!! – fala, bravo, o padre.

– O que você está dizendo? – perguntam os cônjuges.

– Vocês pensaram em levá-lo só porque era parecido com o Raul. Foi só ele tossir e desistiram.

– O que esse menino está falando?! – pergunta, rispidamente, o homem ao padre.

A mulher, porém, abaixa-se junto a Albertinho e pergunta-lhe:

– Você falou em Raul! O que sabe a respeito de Raul? Diga-me!

– Eu não sei nada... – responde, já choramingando, o menino.

– Você falou em Raul. – insiste o padre – Quem é Raul?

– É o filho deles que morreu. – responde, amedrontado.

– Mas como você sabe disso, se não falamos nada a ninguém, aqui?! – pergunta a senhora, já emocionada e pegando o menino pelos braços.

– Porque era nele que vocês estavam pensando. A senhora, mesmo, não pensou que o Fernando era parecido com o Raul?

– Mas como você soube disso, meu filho? – pergunta, agora, mais docilmente, o padre Eusébio.

– Porque eu sei que eles pensaram isso.

– Vocês não liguem para ele – desculpa-se o padre. – Deve ter sido uma grande coincidência. Eu mesmo não sabia de nada.

– Esse menino lê o pensamento dos outros!!! – exclama, assustada, a mulher.

– Eu não leio nada!

– Vamos embora, Selma! – diz o marido.

– Albertinho, venha comigo. – ordena, categoricamente, padre Eusébio, depois de acompanhar o casal à saída.

O menino, temeroso, segue-o até a sala da diretoria.

– Sente-se aí, filho. – pede o padre, fechando a porta.

O sacerdote fica alguns momentos em silêncio, fitando o menino, como que pensando no que irá dizer.

– Betinho... – começa, mansamente, o padre, chamando-o pelo apelido com que é conhecido e tratado pelos companheiros. – Como você fez aquilo?

A criança baixa a cabeça e fica em silêncio.

– Meu filho, eu não vou ficar bravo com você. Sou seu amigo. Apenas gostaria que me contasse como conseguiu saber o que aquela senhora estava pensando.

– Eu não sei... Eu...

Silêncio.

– Você ia dizer...

– Não sei... Eu adivinhei... Às vezes, acontece.

– Já aconteceu isso com você, outras vezes?

– Já.

– Escuta, meu filho. Você não deve mais fazer isso. É coisa feia. Deus não gosta.

– E o que eu faço? Não tenho culpa.

– Você deve rezar bastante. Toda vez que perceber que vai adivinhar as coisas, faça uma oração. Reze o "Pai Nosso".

Ficam alguns segundos em silêncio, até que Betinho começa a choramingar:

– Eu sou bonzinho, seu padre! Rezo todas as noites! Não tenho nada a ver com o diabo!

O padre estremece.

– E nem com Espíritos ruins! Eu sou bonzinho!!!

Um arrepio gélido percorre o corpo do padre Eusébio.

– Você leu o meu pensamento, filho?!

– Não sei!!! – grita o menino e começa a chorar, soluçando.

O padre levanta-se e o abraça.

– Meu pobre menino! Não tenha medo. Foi só uma bobagem que eu pensei.

Acaricia os cabelos do menino, enquanto o enlaça, fortemente.

– Sei que é um menino bonzinho e muito estudioso. E Jesus está olhando por você. Não se preocupe com isso, viu? Com o tempo, essas coisas de saber o que os outros estão pensando vão desaparecer. É porque você está crescendo, que acontece isso.

– Verdade, padre?

– Verdade, meu filho. Agora, nós vamos fazer um trato: toda vez que isso acontecer, você me conta, certo?

– Certo. Eu conto.

– Agora, pode ir. O padre Eusébio gosta muito de você.

O menino sai e o padre senta-se, pesadamente, em sua poltrona, sem saber o que pensar.

– Meu Deus! Ajudai essa pobre criança.

II

Vereda, o mágico

– Há um homem, aí fora, que insiste em falar com o senhor, seu Silva.

– Você sabe que eu só atendo representantes e vendedores, de manhã, Ana.

– Eu sei... mas, além de dizer que não é vendedor, ele insistiu muito. Parece até divertir-se com o fato de o senhor não querer atender ninguém e mandou-me entregar-lhe este cartão:

"MR. VERDINI"
Mágico Profissional
Shows e Aniversários.

– Pois mande-o entrar, antes que ele atravesse a parede. – diz Silva, agora rindo.

Ana abre a porta e o homem entra. Sem olhar para o lado de Silva, acompanha, com os olhos, a moça que está prestes a cerrar a porta, ao sair.

– Espere, senhorita.

– O senhor falou comigo?

– Por favor...

Ana entra, novamente, deixando a porta entreaberta.

– Você gosta de flores?

A secretária olha para Silva, sem nada entender.

– Responda-lhe, Ana. – pede, calmamente.

– Gosto... sim... gosto muito.

O estranho visitante esfrega demoradamente as mãos e, por entre seus dedos ágeis, começa a aparecer uma linda flor artificial.

– Então, leve esta para você.

Ana, boquiaberta, apanha a flor.

– Oh! Obrigada.

Olha novamente para o patrão, que apenas sorri. Meio sem jeito, a moça retira-se. Somente agora, então, o mágico volta o olhar em direção a Silva.

– Você precisa trazer flores para sua secretária, meu amigo.

– E você não mudou nada, seu velhaco – brinca Silva, saindo por detrás da escrivaninha e vindo abraçar o amigo.

– Como vai, Vereda? Mas, há quanto tempo!

– Gostei de ver que progrediu.

– Um pouco, mas sente-se. Vamos conversar. A que devo a honra dessa visita? Pelo que vejo, fez da mágica a sua profissão.

– Pois é. Você sabe que sempre gostei.

– Sei. E como sei!

Riem.

– Mas, você está muito bem. Soube que é gerente-geral de todo este império.

– Sou diretor e acionista. Mas não pense você que vivo na moleza, não. Trabalho duro.

– Eu acredito. Sei que não é fácil gerir uma grande empresa como esta.

– Trabalho vinte e quatro horas por dia, nisto aqui.

– Aí você já está exagerando!

– Falo sério. Durante o dia, faço o meu serviço e, à noite, sonho com o que tenho de fazer no dia seguinte.

– Oh, sim! – concorda, rindo, Vereda.

– Mas, e as mágicas? Como vão?

– Não dá para reclamar. Não fiquei rico, mas vivo muito bem. E, principalmente, fazendo o que gosto.

– Nisso, eu o invejo. Infelizmente, não consegui trabalhar com o que mais gostava quando éramos moços. Será que você se lembra?

– Claro que me lembro. Você queria ser mecânico de automóveis.

– Pois é. Acabei entrando nesta firma e, subindo os degraus administrativos, aqui estou.

Vereda faz um muxoxo de aprovação.

– Mas, como já lhe perguntei, a que devo a honra desta visita?

– Vou fazer um show, amanhã à noite, no cinema, aqui, desta cidade. Você não viu os cartazes espalhados por aí?

– Vi, sim, Vereda. Perguntei por perguntar. Estou muito contente em tê-lo por aqui. Inclusive, já comprei ingresso para assistir ao espetáculo.

– Espero não decepcioná-lo.

– Tenho certeza que não.

– Você casou, Silva?

– Casei-me e tenho um filho. E você?

Vereda modifica um pouco a sua fisionomia alegre e, com grande tristeza no olhar, responde:

– A minha vida de casado foi muito sofrida... No começo, eu e minha mulher, Alice, éramos muito felizes e, para completar, ainda mais, a nossa felicidade, tivemos um filho. Isso já faz sete anos.

– Não conheço a sua esposa. Mas, continue...

– Quando o garotinho estava com seis meses de idade, aconteceu uma tragédia que veio enegrecer a nossa vida e, até hoje, ainda sofro muito com isso.

Uma lágrima furtiva brota dos olhos de Vereda que, tirando um lenço do bolso, a enxuga.

– Desculpe-me, Silva. Ainda sinto uma enorme tristeza quando relato esse acontecimento.

Silva não sabe o que falar.

– Como estava dizendo, quando o menino estava com seis meses, eu e minha mulher fizemos uma viagem rápida para assinar alguns papéis relativos à compra de um imóvel em uma cidade próxima, e deixamos a criança com a nossa empregada. Fomos, assinamos os documentos necessários e voltamos na mesma tarde. Você sabe, nessa minha profissão de artista liberal, temos de assegurar o futuro e, sempre que possível eu adquiro algum imóvel.

– Sei... Certo...

– Quando retornamos, uma aglomeração de pessoas se fazia presente defronte a minha casa. Entramos correndo e encontramos o delegado de polícia e mais alguns policiais que faziam perguntas à nossa empregada. Esta, chorava, copiosamente, sem mais nada conseguir falar. E o delegado, então, informou-nos que a casa havia sido assaltada e que os bandidos levaram o nosso filhinho junto, talvez como refém, para se protegerem, ou então, para pedir algum resgate. Talvez você não saiba, mas minha esposa tinha muitos bens, herdados de seu pai. Você não pode imaginar o sofrimento e o desespero por que passamos. A polícia foi totalmente mobilizada e fizemos apelos em órgãos de imprensa, mas nada. Minha esposa não mais se alimentava direito e não saía de perto do telefone, esperando que os assaltantes entrassem em contato conosco, talvez para pedir um resgate. Meses se passaram e a polícia acabou arquivando o caso. Minha esposa, transtornada, não mais falava e, certa manhã, ao despertar, encontrei-a morta, vítima de um colapso.

– Meu Deus, Vereda!

– E hoje, cada vez que faço algum show beneficente em prol das crianças órfãs ou abandonadas, fico imaginando se alguma daquelas não é o meu filho.

– Eu sinto muito, Vereda. Nada sabia a respeito desse seu drama.

– Só não sucumbi, porque tenho muita fé em Deus e creio que nada que nos acontece é por acaso.

– E eu que pensava que o problema por que passo

era o pior do mundo! Mas, hoje, vejo que existem coisas piores.

– Que problema, Silva?

– Eu também, como já disse, tenho um filho. Está com oito anos.

– Oito anos? Mas que beleza! Quero conhecê-lo e à sua esposa, também. Você vai levá-los ao show?

– Não, Vereda. Vou sozinho.

– Ora, leve, ao menos, o menino. Garanto que ele vai gostar.

Silva fica meio triste e responde:

– Meu filho... é cego.

– Oh!... Mas... não tem cura?... Uma operação, talvez...?

– Receio que não. Especialistas já foram consultados e não há a menor possibilidade.

– Que tristeza...

– É... parece que nós dois temos que nos conformar com os acontecimentos...

Dizendo isso, disca um número em seu telefone.

– Nega? É o Silva. Hoje vou levar um amigo para jantar. É o Vereda, de quem eu lhe falo sempre.

– Não precisa se incomodar, Silva.

– Faço questão.

* * *

– Você se casou com uma excelente cozinheira – brinca Vereda, depois do jantar, ainda sentados à mesa e terminando de sorver uma xícara de café.

– Obrigado. Aliás, ela me prendeu pelo estômago.

– Não acredito que foi só por isso.

– Ele sempre diz isso, Vereda, mas saiba que quando namorávamos, eu não sabia, nem ao menos, fritar um ovo.

– Acredito na senhora, principalmente, porque já me acostumei com as mentiras dele, nos tempos de escola.

– Eu mentia e você "enrolava" o pessoal com as suas mágicas.

– O que é mágica, papai? – pergunta o menino Moacir.

Todos se entreolham. Silva é quem responde.

– Mágica, filho, é quando alguém, por meio de truques, faz algo que as pessoas não estão acostumadas a ver. Por exemplo: o Vereda mostra uma bola e, de repente, ela desaparece.

– E como ele faz isso?

– Eu não sei e nem adianta perguntar a ele, porque os mágicos não contam os seus truques.

– Eu gostaria muito que ele fizesse uma dessas mágicas para mim. O senhor não sabe fazer nenhuma para cegos?

– Bem... quero dizer... não é muito fácil, Moacir.

– Que pena.

– Mas pode ficar certo que vou tentar inventar uma bem bonita e, quando conseguir, vou lhe mostrar.

– E quando o senhor vai fazer isso? – pergunta, entusiasmado, o menino.

– Bem... eu vou tentar e, assim que conseguir, faço para você.

– Que números você vai apresentar, amanhã? – pergunta, curiosa, dona Nega, também com o intuito de desviar a conversa.

– Eu não sei, ainda. Amanhã, de manhã, irei até o auditório do cinema e, conforme a disposição do palco e das cadeiras, irei escolher o repertório.

– Onde estão seus aparelhos?

– Estão no hotel, onde estou hospedado.

– Por que você não vem ficar conosco?

– Obrigado, Silva, mas não quero incomodar e, além do mais, tenho de treinar um pouco, ainda, hoje. Não se preocupe comigo. Estou acostumado a andar de cidade em cidade.

– Você não se cansa dessa vida de viagens?

– Realmente, já estou ficando um pouco cansado. Inclusive, até já tive a ideia de comprar uma casa, em alguma cidade do interior e, somente, esporadicamente, sair para realizar alguns shows. Na verdade, já consegui ganhar muito dinheiro, inclusive, fruto de herança que soube empregar muito bem e, atualmente, não precisaria fazer mágicas para viver. Tenho rendas que podem me sustentar, folgadamente.

– E por que continua com os shows?

– Porque gosto. Eu me realizo divertindo os outros e, a cada olhar estupefato que consigo arrancar do auditório, sinto uma satisfação, difícil de descrever.

– Por que, então, você não compra uma casa, aqui, nesta cidade?

– Pode até ser, Silva. Gosto muito daqui.

– Se quiser, posso arranjar isso para você.

– Podemos tentar.

– Então, pode deixar que eu vou começar a procurar. Tenho muitos amigos corretores.

– Obrigado.

– Será que venderam muitos ingressos para o show? – pergunta dona Nega.

– Não tenho a menor ideia. – responde Vereda. – Cheguei hoje e quando o show é beneficente, nem fico sabendo.

– Já estão todos vendidos. – afirma Silva.

– Como você sabe?

– O padre Renato esteve lá na fábrica e disse-me que faltavam poucos para serem vendidos. Sendo o show beneficente, a diretoria da firma resolveu comprar o restante e presentear os meninos do orfanato.

– Gesto nobre... – exclama Vereda.

– E a empresa ainda alugou um ônibus para buscar e levar de volta a criançada.

– Fico satisfeito com isso. Tenho muita pena dessas crianças que ficam sem seus pais, muito cedo. – fala Vereda, tristemente.

– É... dá muita pena, mesmo – concorda dona Nega.

– É um grande problema social. E, dificilmente alguém adota esses pobrezinhos, principalmente, porque a maioria prefere adotar recém-nascidos e, os maiorzinhos vão ficando cada vez mais sem chance de adoção.

– Eu tenho vontade de adotar um menino. Talvez... quando montar minha casa... Você sabe, Silva...

– Eu compreendo...

– Não vou adotar nenhum bebê. Vou adotar um menino com sete ou oito anos. Eu acho que tenho condições de educá-lo.

– Acho isso maravilhoso, Vereda – concorda dona Nega.

– Amanhã, durante o show, você já pode escolher, então – brinca Silva.

– Ei! Vamos com calma. Não quero ser precipitado.

– Estava só brincando.

Levantando-se da mesa, Silva e o amigo dirigem-se para o escritório da casa para conversar mais e relembrarem coisas do passado, quando adolescentes. Falam de muitas coisas: das brincadeiras, das noitadas alegres, das namoradas, e divertem-se muito.

– Vereda, você se lembra de quando começou a frequentar sessões espíritas?

– Lembro-me.

– Você ainda continua com essas ideias?

– Continuo. Naquele tempo de rapaz, eu apenas frequentava certas reuniões, mais movido pela curiosidade, mas com o passar do tempo, fui estudando a Doutrina e confesso a você que hoje sou um espírita convicto e, sempre que posso, dedico-me ao assunto.

– Você acredita, realmente, em Espíritos?

– Você não acredita em Deus, Silva?

– Tenho necessidade de crer, Vereda. Não fosse a confiança que deposito em alguma força superior e não aguentaria a situação do meu filho.

46

– Entendo... e você sabe... não fosse, também, a minha crença...

– Já li muita coisa a respeito em alguns livros espíritas, e confesso que tenho uma certa tendência a acreditar, mas ainda possuo algumas dúvidas.

– Continue estudando, Silva. Continue estudando e raciocinando que, um dia, você verá que não poderia ser de outra maneira. O Espiritismo não é uma crença que se imponha aos indivíduos. É uma filosofia onde as pessoas têm de raciocinar e estudar para entendê-la e aplicá-la em sua vida diária.

– Isso eu já percebi.

– Então, continue estudando, raciocinando e seguindo os ensinamentos de Jesus.

– Vereda, me responda uma coisa: você acredita que, quando dormimos, podemos entrar em contato com o outro plano da vida, ou seja, possamos entrar em contato com os Espíritos?

– Isso nos acontece frequentemente, Silva, porém, dificilmente nos lembramos, a não ser de maneira bastante confusa. O que ocorre é que, somente as cenas ou acontecimentos mais marcantes de nosso desprendimento é que são, efetivamente, gravados em nosso cérebro. A essas lembranças fragmentadas que, na maioria das vezes, são frutos do momento de nossa "partida" e da nossa "volta", juntam-se as nossas preocupações, ideias ou imagens fortes de nossos momentos de vigília. E, além disso, o nosso subconsciente pode lançar ao nosso consciente, lembranças, de há muito tempo armazenadas.

E Silva conta o que acontece com o filho, relatando tudo, desde o dia em que ficou sabendo dessa sua faculdade.

Vários "sonhos" do filho foram narrados a Vereda que, depois de pensar por alguns momentos, argumentou:

– Se quer a minha opinião, acredito que seu filho esteja, mesmo, lembrando-se do que acontece em seus desprendimentos. Ele sempre lhe conta o que ocorre?

– Creio que não. E é isso que me preocupa. Percebo que ele esconde a maior parte. Quase todos os dias, lhe pergunto a respeito e, na maioria das vezes, ele relata muito resumidamente o que viu e diz, principalmente, que o "sonho" fora igual aos anteriores. Mas sinto e percebo que ele não me conta nem a metade do que vê. O que você acha disso?

– Só posso ver seu filho possuidor de uma grande mediunidade e acredito, já que esse fenômeno é raro, que ele esteja sendo preparado para cumprir alguma missão importante, aqui, deste lado da vida. E você, o que pensa a respeito? Até agora limitou-se a narrar os fatos.

– Bem... eu não sei... na verdade, comecei a acreditar, principalmente depois de ler os livros de André Luiz, psicografados pelo médium Francisco Cândido Xavier. Meu filho fala de coisas que são mostradas nesses livros. Por outro lado, eu gostaria que tudo isso que leio não fosse verdade. Preferia que a morte fosse o fim total de todos nós.

– Por que, Silva?

– Eu não sei bem ao certo... tenho um pouco de medo desse outro lado...

– Por que medo?

– É difícil de explicar... a gente saber... bem... nós praticamos muitos deslizes nesta nossa vida e a certeza de

que um dia seremos, por nós mesmos, julgados, me ame-
dronta.

– Você, por acaso, tem a consciência pesada, Silva?

– Não é bem isso. Mas, nesse nosso tipo de trabalho,
no qual, para nós, dirigentes, a empresa tem que ser colocada acima de qualquer sentimentalismo que prejudique a
sua estrutura econômica, às vezes, somos obrigados a ser
firmes e não muito complacentes com os operários e subal-
ternos e isso me incomoda um pouco. Veja você, que, um
dia, durante uma tentativa de greve, um dos funcionários
apontou uma arma para o meu lado. Não era a mim que ele
visava, mas, sim, a um outro funcionário que ele acreditava
tê-los traído. Num momento de pânico, saquei a minha e
apontei-a para ele. Ele foi morto, baleado, não pelo meu
revólver, mas pelo fuzil de um dos policiais. Porém, percebi,
em seu olhar, que ele caiu certo de que eu o havia matado.
Isso pesa em minha consciência. Será que se o policial não
tivesse atirado, eu atiraria?

– Você não deve se torturar com essas conjeturas.
As circunstâncias e o instinto, talvez de autodefesa, o fizeram agir assim. Você não deve temer nada, muito menos
a Deus, que tudo sabe. E, quando se sentir com essas
prostrações, procure auxiliar o próximo e verá que tudo se
ameniza. Afinal, não seremos julgados somente pelo mal
que cometermos, mas, também, pelo bem que deixarmos
de fazer. É com o amor que conseguimos nos curar de
nossos males. E não se preocupe, pois Deus sabe, melhor
que nós, o que é bom para a nossa evolução e elevação
espiritual.

III

O espetáculo

FINALMENTE, CHEGA O DIA TÃO ESPERADO PELAS CRIANÇAS do orfanato. São dezoito horas e trinta minutos, quando encosta o ônibus que as levará até a cidade para assistirem ao show de mágicas, no cinema local.

O interior daquela sala de espetáculos é do tipo anfiteatro semicircular e os meninos são acomodados pelo padre Eusébio, a um terço de distância do palco, todos em duas fileiras.

Betinho encontra-se exultante como todos os outros. Aquela seria uma noite especialíssima para eles. Além do show a que assistiriam, teriam a oportunidade de passear de ônibus, indo até a cidade que se localizava a uma distância de cerca de seis quilômetros. O recinto encontra-se literalmente tomado por crianças e adultos. Depois de alguns minutos, apagam-se as luzes do auditório e holofotes, estrategicamente localizados, iluminam o palco. Uma música mística, mas ao mesmo tempo alegre, começa, então, a invadir o ambiente, saída dos alto-falantes internos do cinema. Trajado de elegante "smoking" preto, entra Vereda com uma longa bengala, chamada pelos mágicos de varinha mágica, em uma das mãos. Chega até à frente do palco, reverencia-se à plateia e, num rápido movimento vertical das mãos, faz com que a varinha transforme-se em dois vistosos lenços de seda. Depõe um dos lenços sobre um aparador, localizado no centro do palco e, continuando com o outro lenço seguro pelos dedos da mão direita, volta à frente. Esfrega lentamente a seda e eis que, de seu interior, emerge, misteriosamente, uma linda e mansa pombinha branca, deixando todos atônitos e arrancando, dos lábios dos presentes, um sussurro de perplexidade. E, sucessiva e elegantemente, desfila um verdadeiro show de ilusionismo e prestidigitação.

– Agora senhoras e senhores, vou mostrar-lhes algo verdadeiramente surpreendente, revelando-lhes a força que possui o poder da mente. Eu gostaria que, para isso, algum cavalheiro ou um jovem subisse até o palco para me auxiliar nesse truque que pretendo apresentar-lhes.

Depois de algumas indecisões por parte do auditório, um senhor de meia-idade levanta-se e dirige-se ao palco.

– Uma salva de palmas ao cavalheiro que, tão gentilmente, vai me ajudar a diverti-los, ainda mais.

Os aplausos explodem, assim como assobios e apupos.

– Por favor, cavalheiro, tenha a bondade – pede o mágico, acompanhando o espectador até o centro do palco.

– Gostaria, muitíssimo, que o senhor examinasse esta venda que tenho nas mãos.

Dizendo isso, Vereda mostra-lhe um pedaço de pano preto e amarra-o por sobre os olhos do homem.

– Está enxergando alguma coisa?

O homem meneia a cabeça.

– Por favor, diga, em voz alta, o que está vendo.

– Eu, realmente, nada vejo com esta venda! Não dá mesmo para enxergar nada.

– Muito bem. – diz o mágico, tirando-lhe a venda. – Nós vamos fazer o seguinte: o senhor vai colocar a venda sobre os meus olhos e, em seguida, retirará uma carta de cada vez deste baralho. Feito isso, quero que se concentre na carta retirada, colocando-a, depois, em minha mão. Eu tentarei adivinhar o seu valor e naipe. E, para que ninguém duvide desta apresentação, peço a mais algumas pessoas que subam até aqui, para examinar a venda e o baralho. Peço, também, que embaralhem bem as cartas.

Mais cinco pessoas sobem ao palco para os exames e, em seguida, retornam, deixando o mágico e o primeiro senhor, sozinhos.

– Bem... Senhor...

– Torres. – responde o outro.

– Pois então, senhor Torres, agora que já fui muito bem vendado por esses seus amigos, tenha a bondade de apanhar o maço de baralho e, tirando uma carta de cada vez, de qualquer parte do mesmo, mostre-a ao público e, então, passe-me às mãos para que eu possa adivinhá-la.

Doze cartas tiradas, aleatoriamente, do maço, são, então, adivinhadas pelo mágico, conforme o prometido. Cada vez que isso acontece, o público aplaude, delirantemente.

Nesse instante, Artur, menino de onze anos, que encontra-se sentado ao lado de Betinho, sussurra-lhe:

– Betinho, me conta o truque. Você já fez isso para mim, lá no orfanato, com o baralho de bichos.

– Eu fazia diferente. Ficava de costas para você e adivinhava.

– Então, conta para mim como é que é.

– Não.

– Vamos, Betinho. Eu não conto para ninguém.

– Não.

– Eu vou falar para o mágico que você também sabe fazer.

– Não! Não vai falar nada!

– Vou!

– Não!

Nesse ínterim, o mágico tira a venda e, quando já está pronto para inclinar-se, perante o público, para receber a ovação, Artur, menino levado e inconveniente, levanta-se da poltrona e grita:

– O Betinho, aqui, também faz isso! E de costas!

Todos olham para Artur. Nisso, outro menino levanta-se e diz:

– É verdade! Ele faz isso de costas e sem pegar no baralho!

Desta feita, o padre Eusébio levanta-se, enérgico:

– Artur! Ivo! Sentem-se e calem-se!

Nisso, outro menino "puxa" o coro:

– Faz!... Faz!... Faz!... Faz!...

E a algazarra toma conta da criançada, inclusive daquelas que não eram do orfanato.

– Um momento!... Um momento! Por favor!... – pede Vereda.

Aos poucos, depois dos insistentes pedidos do mágico, do padre Eusébio e dos pais dos outros garotos, o silêncio volta a reinar.

– Eu gostaria, então, que o tal de Betinho viesse até aqui no palco para ajudar-me num outro número que vou apresentar.

Betinho encontra-se afundado na cadeira, vermelho de vergonha.

– Vai, Betinho, – grita Artur.

– Vai!... Vai!... Vai!... Vai!...

– Silêncio, por favor.

O padre, vendo que não conseguiria controlar o ânimo da criançada, levanta-se, dirigindo-se até o menino.

– Venha, meu filho. Vamos lá, ajudar o mágico.

Betinho a princípio hesita, mas, depois, levanta-se e dirige-se até o palco, sob calorosa salva de palmas.

Chegando até perto do mágico, estende a mão para receber a venda, fazendo com que este concorde em entregá-la.

– Você vai fazer o truque da adivinhação?

– Vou tentar. O senhor me desculpe.

– Você saber ler, meu filho?

– Não. Quer dizer... algumas coisas eu já sei.

– Você saber ler números?

– Sei.

– Muito bem. Então, vamos pôr a venda.

Dizendo isso, Vereda, acreditando que o menino conhecesse o truque, colocou a venda no garoto, de tal maneira que ele enxergasse quando a carta fosse colocada em suas mãos. Mas, Betinho deu dois passos em direção oposta à do mágico e ficou de costas para ele.

– Vire-se para cá, filho.

– Ele faz de costa! – gritou Artur, da plateia.

O mágico, então, embaralha as cartas e, tirando uma, do meio do maço, mostra-a ao público, perguntando ao menino:

– Que carta tirei do baralho?

– O senhor poderia pensar nela, um pouco?

– "Cheio de truques" – pensou Vereda.

– Muito bem. Estou pensando nela.

– Três de copas.

Os aplausos explodem. O menino acertara em cheio. A carta era, realmente, o três de copas.

– "Que coincidência!" – pensou o mágico.

– E esta?

– Pense nela...

– Sim...

– Cinco de espadas.

O auditório quase vem abaixo com o acerto do menino.

– Betinho, eu gostaria que você fizesse uma vez, só para mim. Certo?

– Sim.

Vereda retira, então, uma carta, porém não pensou nela e sim, noutra que lhe veio à mente. Também, não a mostrou ao público.

– Que carta é esta?

– Rei de paus.

Foi um choque para Vereda. O menino não acertara a carta porque não era nela que ele estava pensando. Porém, acertou em cheio na que estava em sua mente.

– Acertou! – disse Vereda à plateia, colocando-a, rapidamente, no meio do maço, sem mostrá-la, para não precisar explicar o que fizera.

Aplaudido, o menino desce do palco e, ainda, no meio da escada, vira-se para o mágico e pergunta em voz alta para que todos ouçam:

– Eu fiz tudo direitinho, seu mágico, como nós combinamos?

Gargalhada geral e aplausos pela aparente ingenuidade do menino.

Vereda fica atônito, não só pelo que o menino fizera, como também pela atitude dele em querer disfarçar o fato. Mas, como bom artista que é, sorri ao garoto e, com uma piscadela cúmplice ao público, responde:

– Fez sim, meu filho. Fez tudo direitinho.

* * *

Terminado o espetáculo, Vereda encontra Silva, na saída do cinema.

– Verdini! Você foi fabuloso!

– Obrigado, Silva. Por que não me procurou lá no camarim, ao invés de ficar me esperando aqui fora?

– Eu sabia que você estava arrumando os seus aparelhos e não queria ser inoportuno.

– Já encaixotei tudo.

– Acompanho você até o hotel.

E os dois caminham, lado a lado, pelas ruas já desertas da cidade.

– Gostei muito do espetáculo, Vereda.

– Obrigado.

– E o número cômico que você fez, com o menino do orfanato, foi sensacional! Vocês combinaram tudo antes?

– Oh, sim. – mente Vereda.

– Notável.

– Silva, eu gostaria de fazer uma visita ao orfanato para conhecer, mais de perto, aquelas crianças.

– Eu arranjo isso para você. Quando pretende ir?

– Gostaria de ir amanhã, mesmo.

– Eu telefonarei ao padre Eusébio e pedirei a ele para recebê-lo.

– Obrigado.

– Você poderá ir, à hora que quiser.

Silêncio.

– Vereda...

– Sim...

– Você estava falando sério quando disse da sua intenção de se estabelecer por aqui e adotar uma criança?

– Vontade não me falta... gosto muito desta cidade e... bem... gostaria de fazer algo de útil em benefício de alguém...

– Acho uma boa ideia. Mas você continuará viajando, fazendo shows?

– Não, Silva. Como já lhe disse, tenho rendimentos que me sustentam e muito bem, por sinal. Eu acho que já está na hora de parar um pouco e me aposentar por conta própria.

– Você acha que conseguirá ficar sem fazer mágicas e apresentações?

– Oh, não! Poderei fazer algumas apresentações beneficentes aqui na redondeza, em cidades próximas.

– Acho que você está certo nessa sua decisão. Sinceramente.

* * *

– Bom dia, Moacir.

– Bom dia, papai.

– Dormiu bem? – pergunta Silva ao sentar-se à mesa, de manhã, para o desjejum.

– Eu não entendo muito bem o que é dormir.

– O que você sente?

– Não sei... Quando estou cansado, eu deito e, de repente, mamãe já levantou.

– Pois é, meu filho. Quando deitamos, nós dormimos.

O que descansa é a sua cabecinha, ficando bastante tempo sem pensar e o tempo passa, até que você acorde e comece a pensar, novamente.

– Acho que é mais ou menos isso.

– Você continua se encontrando com seus amiguinhos, quando dorme ou... quando deita?

– Não. Eles me disseram que eu vou ficar uns tempos sem me encontrar com eles, mas que, um dia, quando eu dormir, vou poder andar pela casa e enxergar.

– Eles lhe disseram isso?

– Sim. E acredito neles.

– Beba o leite, meu filho. – pede dona Nega, colocando-lhe o copo nas mãos.

Novamente, como acontece todas as manhãs, Silva é invadido por enorme tristeza e, somente quando se empenha no trabalho, é que consegue dissipá-la. Geralmente só vem para casa na hora do jantar. Depois, mais pelo cansaço do dia, é que consegue calma e paz de espírito. Nunca soube suportar, com resignação, a sina do filho.

– O senhor gostou das mágicas, papai?

– Oh, sim! Foi muito bonito!

– Será que o seu Vereda já inventou uma mágica para cegos?

– Acho que ele ainda não teve tempo, Moacir.

– Eu gostaria muito...

– Se ele lhe prometeu, pode ter certeza de que vai fazê-lo.

– Você chegou tarde, ontem. – interrompe dona Nega.

– Fui acompanhar Vereda até o hotel. Inclusive, eu lhe prometi conseguir, junto ao padre Eusébio, uma visita ao orfanato.

– Ele estava falando sério sobre adotar uma criança?

– Acho que sim.

– O que é adotar, pai?

– Existem muitas crianças que não têm pais, pois estes morreram quando elas ainda eram pequenas. Então, outras pessoas levam-nas para morar com elas, como se fossem seus filhos.

– E o seu Vereda vai adotar um filho?

– Eu penso que sim.

– Que bom! Se ele fizer isso, o senhor pede para ele trazer o seu filho para brincar comigo?

– Decerto que sim, Moacir!

– Que bom! Que bom! Pede, então, para ele adotar logo, papai.

– E ele vai morar nesta cidade, Silva?

– É o que ele pretende.

– E você vai arrumar isso para ele?

– Sim. Estou até pensando em lhe oferecer aquela nossa casa lá da rua Emílio, para que ele a compre ou alugue. O inquilino está para sair.

– É uma boa ideia. E é aqui pertinho. Acho que será muito bom para você, Silva. Talvez, assim, você saia um pouco de casa para distrair-se com esse seu amigo. Você quase não sai.

– Será muito bom, mesmo.

IV

Visita ao orfanato

SÃO NOVE E TRINTA HORAS DA MANHÃ QUANDO VEREDA entra no escritório do padre Eusébio. Depois de se cumprimentarem e trocarem palavras de cordialidade e reconhecimento, o padre leva o visitante para percorrer as dependências do orfanato: os quartos, a sala de jogos, de televisão, as salas de aula e o pátio onde se encontravam as crianças, em recreio. Sentam-se, então, debaixo de uma frondosa árvore.

– Silva me falou sobre a sua intenção de adotar uma criança.

– Sim, é verdade.

– Admiro muitíssimo o seu desprendimento, visto que centenas de casais que assim poderiam proceder, não querem se arriscar a uma experiência desse tipo. E, depois, existe o egoísmo e o orgulho da consanguinidade, como se todos não fôssemos irmãos em Cristo.

– É... estou estudando essa possibilidade, com muito carinho.

63

– O senhor já pensou em todos os prós e contras de uma decisão como essa?

– Sim. Já pensei muito e acho que gostaria de adotar um menino de cerca de seis a oito anos de idade.

– Essa é a idade mais difícil de se conseguir quem os adote.

– Eu sei disso.

– Talvez nunca o ouvirá chamá-lo de pai.

– Não me importo. Aliás, mais que um pai, eu pretendo ser um amigo.

– Preliminarmente, o senhor poderá fazer o que algumas pessoas fazem: levam uma criança para passear, almoçar, enfim, dão algum carinho e atenção a ela.

– De fato, é uma experiência bastante interessante.

– Venha. Vamos dar uma volta por entre as crianças.

– Mas eu não vou adotar já. Preciso, primeiro, me localizar na cidade e... bem... ainda tenho de pensar mais um pouco sobre o assunto.

– Não receie. Apenas quero que conheça os meninos.

E começam a caminhar no meio da criançada. De repente, Vereda vê Betinho que, sozinho, o acompanha com o olhar. Para perto dele.

– Como vai, Betinho?

O menino fica meio sem jeito.

– Você me ajudou muito, ontem, com a mágica.

O menino lhe sorri.

– Engraçado! Eu não vi quando vocês combinaram

aquela cena. – diz o padre, dissimuladamente, pois percebera o que Beto fizera.

– E o senhor acha que alguém veria um mágico combinar alguma coisa com seus "compadres"?! – responde Vereda.

Todos riem. O menino pisca um olho para Vereda.

– O senhor vai me levar para passear?

Vereda não sabe o que responder e olha para o padre.

– Se o senhor quiser levá-lo para um passeio, tem a minha permissão.

Vereda pensa um pouco, enquanto olha para o rosto do menino, onde vislumbra uma pequena rogativa e um ar de esperança.

– Está bem. Você quer dar um passeio comigo, Betinho?

– Eu quero!

– Hoje, padre?

– Como queiram.

* * *

Depois de dar algumas voltas e almoçar numa churrascaria, Vereda e Betinho dirigem-se até o jardim da cidade e sentam-se em um banco.

– Quantos anos você tem, Betinho?

– Sete.

– Você se lembra de seus pais?

– Só um pouquinho.

– O quê, por exemplo?

– Eles eram muito bonitos.

– Oh, sim!

– O senhor os conheceu?

– Não, não, mais imagino.

– E eram muito bons.

Ficam em silêncio. Vereda ensaia um pouco e, num tom de voz de quem pergunta por perguntar, levanta, finalmente, a questão:

– Betinho, como você fez para adivinhar as cartas, lá no cinema?

– Eu... não sei se posso falar.

– Bem, você não precisa responder. Apenas perguntei, porque estava um pouquinho curioso.

– O senhor não conta para o padre Eusébio, se eu lhe contar?

– Não, pode ficar descansado.

– É que... bem... quando eu quero, eu sei o que os outros estão pensando.

– Quando você quer?

– É. Eu fecho os olhos e fico pensando no rosto da pessoa. Daí, eu penso o que ela está pensando.

– Desculpe, Betinho, mas não consigo acreditar!

– Pense numa coisa.

– Está bem.

Betinho fecha os olhos, por alguns segundos e, de repente, abre-os, falando:

– Sorvete!

– Eu pensei em sorvete, mesmo! Mas, é inacreditável! E como conseguiu descobrir as cartas, ontem?

– O senhor pensou nelas.

– Oh, sim!

– Mas não gosto de fazer isso. Eu detesto!

– Por quê?

– Porque quase todo mundo só pensa em coisa ruim.

– E se você fechar os olhos e pensar em alguma pessoa, mas não quiser saber o que ela está pensando?

– Se eu não parar de pensar, não consigo saber o que ela está pensando.

– Você para de pensar?

– Quando faço isso, paro de pensar, só vejo o rosto dela e os pensamentos me passam pela cabeça.

– O padre Eusébio não quer que você conte a ninguém sobre isso, não é?

– Ele não quer que eu conte e nem que eu faça isso.

– Por quê?

– Ele acha que isso é coisa do diabo.

– Ficou bravo com você porque fez isso, ontem, lá no cinema?

– Ele não falou nada.

– Mais alguém sabe disso?

– Só o Artur e o Ivo.

– Quem são eles?

– São aqueles meninos que gritaram meu nome, lá, no cinema.

– Sei. Só eles sabem?

– Eles e o padre Eusébio.

– Por que eles também sabem?

– Porque são meus amigos.

– Betinho, você gostaria de sair do orfanato e morar numa casa só para você?

– Morar sozinho?

– Sozinho, não. Morar com uma pessoa que quisesse bem a você, como se fosse seu filho.

– Vai sempre gente, lá no orfanato, para escolher crianças para levar como filho.

– Você gostaria de ser escolhido por elas?

– Por algumas, sim. Por outras, não.

– E por quê?

– Algumas pessoas parecem ser boazinhas, gostar da gente. De outras, eu tenho medo. Eu acho que as crianças é que deviam escolher com quem morar.

– Nunca escolheram você?

– Não.

Ficaram alguns segundos em silêncio.

– Eu fiquei triste quando levaram o Carlinhos.

– Por quê?

– Ele era meu amigo e dormia em uma cama ao lado da minha. Quando eu sonhava com coisa feia e acordava com medo, ele conversava comigo.

Vereda e o menino conversam mais um pouco e voltam para o orfanato. Durante várias semanas saem juntos e uma grande amizade nasce entre os dois. Passeiam, almoçam juntos, vão ao cinema, conversam bastante e até pequenas mágicas entram na brincadeira. Até que, numa tarde, no caminho de volta ao orfanato, Vereda mune-se de grande coragem e levanta o assunto que já havia resolvido há alguns dias:

– Eu vou comprar uma casa aqui, nesta cidade, para morar.

– Vai morar sozinho?

– Você gostaria de vir morar comigo?

– Você quer ser meu pai?

– Sim... eu quero ser seu pai.

– E quem vai ser minha mãe?

– Bem... eu sou viúvo... então... você teria só um papai... não teria nenhuma mamãe...

Nesse momento, Vereda percebe que, talvez, estivesse errado em querer adotar um filho, pois, quem sabe, as crianças preferissem um casal, como pais.

– Se você quiser, é lógico. Talvez prefira ter um "papai" e uma "mamãe".

O menino fica em silêncio.

– O senhor vai gostar de mim?

– Eu tenho certeza de que, com o tempo, vou gostar muito de você. Você é um bom menino...

– O senhor não vai ter medo de ficar perto de mim?

– Por que pergunta isso?

– O padre Eusébio tem medo. Ele quase nunca fala comigo e fica, sempre, longe de mim.

– Não tenho medo.

– Nunca vou querer saber o que o senhor está pensando. Eu não gosto.

– Eu sei e acho, mesmo, que não deve.

Silêncio.

– Quero morar com o senhor.

– Você tem certeza de que não prefere um "papai" e uma "mamãe"?

– Tenho. Gosto muito do senhor e... adoraria que fosse meu pai.

– Está bem, mas não fale disso a ninguém, por enquanto. E nem prometo nada. Vou conversar com padre Eusébio e depois falo com você.

– Está bem. Eu vou rezar para minha mamãe ajudar o senhor a conseguir me adotar.

– Então, vamos para o orfanato, agora. Hoje mesmo, irei falar com o padre.

– Estou muito contente.

– Eu também.

***

Depois de algumas semanas, Vereda compra a casa de Silva e contrata uma empregada para os serviços da limpeza e cozinha. Agora, encontrava-se mais amiúde com Betinho no orfanato e saíam juntos.

Num desses dias, o padre Eusébio pede que, depois

do passeio, fosse até o seu escritório, pois precisava muito falar com ele.

– Entre, Vereda, e sente-se.

– Obrigado, padre.

– Vereda, você está mesmo disposto a adotar o Betinho?

– Estou, padre Eusébio. Apenas estou fazendo os últimos preparativos no lar que pretendo oferecer ao menino.

– Vereda, sobre aquele episódio do show de mágicas...

– Eu sei de tudo, padre e, pelo que o Betinho me contou, e acredito na sua palavra, ele agora consegue controlar essa sua potencialidade, ou seja, para fazê-lo, precisa concentrar-se bastante. E, o que é mais importante, não gosta de fazer isso e prometeu-me que não irá mais fazê-lo.

– Sei disso. Já conversei a respeito, com o menino.

– Então?

– Vereda... você compreende... nós, que somos diretores de um orfanato, temos a responsabilidade, não só legal, mas, também, moral e cristã, do destino das crianças.

– É evidente...

– Confio no senhor e acredito que tudo fará pelo menino. Tenho certeza de que o amará muito, mas tenho a obrigação e... desculpe-me o senhor... mas... tenho a obrigação, como já disse, de lhe fazer uma pergunta que, certamente, o magoará muito.

– Pois, faça-a, padre.

– Desculpe-me, mas tenho de ter certeza...

– Fale...

– É que... bem... você é mágico profissional e... vem adotar um menino que lê pensamentos...

– Oh, meu Deus!

– Desculpe-me, mas tinha de fazê-lo.

– O senhor tem toda a razão de se preocupar, padre Eusébio... meu Deus... como que isso nunca me passou pela cabeça...? Padre, por favor, confie em mim. Nunca faria isso com ele.

– Confio no senhor e tem a minha autorização e a minha bênção, se quiser mesmo adotá-lo.

Vereda levanta-se e abraça o padre.

– Deus lhe pague, padre Eusébio. O senhor é muito bom.

Foi, então, depois das necessárias providências cabíveis e judiciais, feita a adoção e Betinho já se encontra morando com Vereda.

***

Dois dias apenas se passam, quando, à noite, Vereda vai com Betinho até a casa de Silva e pede para falar-lhe em particular, enquanto o menino brinca com Moacir.

Silva conduz Vereda até o seu escritório e, assim que fecha a porta, Vereda cai, pesadamente, em uma poltrona e começa a chorar.

– Vereda! O que aconteceu?!

– Não é nada de ruim, Silva. – diz Vereda, com a voz embargada pelos soluços e, fazendo um enorme esforço para se conter, continua: – É de alegria, Silva! – soluça e chora. – É de alegria...!

– De alegria?

– Espere um pouco... deixe-me acalmar, primeiro...

Vereda enxuga as lágrimas.

– Hoje... agora há pouco... não faz nem meia hora... oh, meu Deus...! Que alegria...!

– Fale, homem de Deus! Você me mata de curiosidade!

– Betinho foi tomar banho e... – respira, profundamente, na tentativa de conter a emoção.

– Vereda, eu vou buscar um copo com água.

– Não é preciso. Eu já estou bem. Como estava dizendo, Betinho foi tomar banho e eu estava na cozinha, fazendo um pouco de café e conversando com ele, pois a porta do banheiro estava aberta. De repente, para que ele ouvisse melhor o que eu estava lhe contando, fui até ele. E aí, então, quase desfaleci, quando vi... – respira fundo, novamente.

– Viu o quê, Vereda?

– Eu vi... eu vi a marca.

– Marca? Que marca?

– A marca de nascença.

– Marca de nascença?

– Por favor, eu aceito o copo com água. Estou muito emocionado.

Silva vai buscar a água, que Vereda toma, rapidamente.

– Silva, eu não disse isso quando lhe contei sobre o filho que me foi roubado. Ele tinha uma marca, em forma de um caroço de caju, em seu ombro direito, na parte posterior do corpo.

– Sim...

– Betinho tem a marca, Silva! Ele é o meu filho!!!

– Vereda!!!

Os dois homens, então, se abraçam e é Silva, quem, agora, não consegue conter as lágrimas.

– E você contou a ele?

– Não. Eu não sei se devo contar-lhe.

– E por quê?

– Não sei... tenho medo.

– Medo?

– É, medo. Não sei como ele se comportará ao saber disso. Talvez pense que eu nunca deveria ter desistido de procurá-lo. E não desisti. Somente, não sabia mais o que fazer. Fiz tudo o que pude.

– Você fez, Vereda.

– Talvez, também, ele pense que, ao adotar um filho, só estivesse querendo sepultar a lembrança dele. Eu tenho medo, Silva. Tenho muito medo.

– Você tem razão. Acho que você só poderá revelar-lhe a verdade quando ele já estiver adulto e com idade suficiente para entendê-lo.

– É o que penso fazer. Afinal, só o fato de estar com o meu próprio filho, já me basta. Que felicidade, Silva! Como eu gostaria que Alice estivesse aqui, agora, compartilhando, comigo, essa ventura.

– Pois tenho a convicção de que, esteja onde estiver, ela está feliz.

– Disso eu tenho certeza.

V

O segredo

O TEMPO FOI PASSANDO E O MENINO AMAVA VEREDA COMO a um pai. Saíam e passeavam sempre juntos e, quase todos os dias, iam à casa de Silva. Uma grande amizade uniu também Moacir e Betinho, que lhe contava histórias e procurava sempre inventar brincadeiras que o menino cego pudesse participar.

No que diz respeito à leitura de pensamentos, uma única vez, Vereda e o menino fizeram uma experiência, quando este tinha nove anos.

Após isso, Betinho, já com doze anos completos, revelou ao pai que nunca mais tentara fazer aquilo e que, talvez, não mais o conseguisse, pois, praticamente, já se esquecera de como fazê-lo.

O menino era muito estudioso e Moacir, por sua vez, tinha aulas de Braille com um professor da Capital, que vinha duas vezes por semana, para lhe ensinar e lhe trazia livros com os caracteres apropriados.

O tempo passou e, não mais Betinho, mas, Beto, já contava com vinte e três anos e Moacir, com vinte e quatro.

Sempre que possível, Beto levava o amigo a passear pela cidade, onde este já conseguira angariar amigos e participar de reuniões com eles.

Beto fazia o último ano da Faculdade de Economia e estagiava na empresa de Silva, mostrando-se excelente funcionário.

Vereda, por sua vez, continuava sua vida tranquila, junto ao filho. Aposentado, passava todo o tempo fazendo o que mais gostava, desde os tempos de rapaz: colecionava aparelhos de magia e leitura. Fazia espetáculos em casa, para amigos e alguns shows beneficentes, dos quais fazia questão de nada receber. Lia muito, principalmente livros espíritas, fazendo anotações em uma caderneta, dizendo sempre a Beto que, se um dia, se interessasse em aprender sobre o assunto, aquelas anotações lhe seriam de bastante proveito. E uma das grandes preocupações dele era ligada a uma promessa que fizera, um dia, a Moacir, a de inventar uma mágica para ele, que era cego. E comentava, sempre isso, com o filho.

Certo dia, o inesperado acontece: colhido por um mal súbito, Vereda é hospitalizado, às pressas, com bastante risco de vida. Na mesma noite, pede a Silva, na presença de Beto e Moacir, que, se fosse esse o momento de abandonar este mundo, cuidasse do futuro de seu filho.

– Você não vai morrer, não, Vereda. Logo estará bom e, pode ter certeza de que eu ainda irei antes de você. Mas, quanto ao Beto, não precisava nem ter me pedido nada. Eu também o considero com a um filho.

– Eu sei disso.

– Vereda, eu preciso sair um pouco, mas já volto. Beto e Moacir ficam com você.

– Pode ir, Silva. Pode ir.

– Alguns minutos depois, Vereda começa a piorar e Beto chama o médico que, depois de examiná-lo, conversa, particularmente, com o moço:

– Beto, seu pai está muito mal. Ele foi acometido de um forte edema pulmonar e estamos fazendo o possível e o impossível, mas gostaria de prepará-lo para o pior.

– Filho... – chama Vereda.

Beto e o médico dirigem-se à cabeceira do doente.

– Sim, pai.

– Não se preocupe. Eu estou melhor, agora.

O médico examina-o, novamente.

– De fato, ele melhorou. Vou mandar fazer mais alguns exames.

A porta se abre e uma enfermeira entra no quarto.

– Doutor, chamam-no, com urgência, no quarto trinta e sete.

– Preciso ir, Beto. Ele está um pouco melhor, agora. Fique com ele e a qualquer sinal de mudança, mande me chamar.

– Pois não...

– Moacir... – chama Vereda.

– O que é, senhor?

– Moacir... eu sei que estou no fim...

– Que é isso, seu Vereda?

– Escute-me... eu, um dia, lhe prometi uma coisa...
e juro que tentei...

– Eu sei, seu Vereda. É sobre a mágica, não é? Mas
não tem importância. Eu entendo.

– Moacir... deixe-me falar... eu tentei, Moacir... todos
estes anos, eu tentei... Para você, talvez, não tenha importância... mas, para mim... – tosse.

– Papai, acalme-se.

– ... para mim... além do ideal de educar o Beto...
era... quase que... uma meta... algo que eu tinha a cumprir.
– tosse – ... para um homem que viveu... toda a sua vida...
no mundo das mágicas... isso é muito importante...

Beto sente uma tristeza enorme lhe invadir o coração
e, num ímpeto que não consegue conter, interrompe o pai:

– E ele conseguiu, Moacir.

– Conseguiu?

– Sim. Preste bastante atenção. E você, também, papai. Moacir, pense numa palavra, com bastante concentração. Não diga qual é. Pense, firmemente, nessa palavra.

Ao mesmo tempo, Beto cerra os olhos e concentra-se.
Alguns segundos depois, cochicha no ouvido do pai e pede:

– Diga-lhe, pai. Mostre-lhe a mágica dos cegos.

– Beto... – exclama, emocionado, Vereda.

– Diga-lhe, pai.

– Moacir...

– Sim.

– Você pensou... na palavra: ... "Jesus".

– Como o senhor soube?!

– Ele fez uma mágica e descobriu o que você estava pensando.

– Mas é fantástico! Foi a coisa mais linda que eu já vi alguém fazer, dentro desta minha escuridão.

– Moacir...

– Sim, seu Vereda.

– Fico muito contente de você ter pensado em Jesus... isso é muito importante... mas, preste bastante atenção... esta mágica... eu fiz apenas para você... Não conte a ninguém sobre ela... eu lhe peço...

– Sim. Pode ficar tranquilo.

– Beto... chegue-se mais perto...

O filho debruça-se sobre o pai e este, puxando-o pela camisa, encosta os lábios em seu ouvido.

– Meu filho... muito obrigado... E... se preciso for, você... pode contar a Moacir... este nosso segredo... ele é seu melhor amigo...

– Sim, pai.

– Eu... sinto... que... estou... no fim. Filho... obrigado p... por todas as alegrias... que me deu... Lembre-se sempre deste... seu velho... e que ele não o abandonará... nunca... Sempre rezarei por você... Não chore muito... a vida não termina... com a morte... Eu nunca o obriguei a nada... mas... quero pedir-lhe...

– Peça, pai. – diz Beto, com lágrimas nos olhos.

– ... algum dia... leia os... meus livros... aqueles da estante...

– Os espíritas, pai?

– Sim... leia-os e... meus apontamentos... daquela

caderneta... lá... por eles... você saberá... onde estarei... e eles lhe... darão muita paz... Seja bom... humilde... e, acima de tudo... honesto... com os outros... consigo mesmo... e... com Deus... Eu... vou... em paz...

– Papai!!! Papai!!! Meu Deus!!!

Relaxando a cabeça sobre o travesseiro, Vereda já não pertence mais a este mundo. As correrias pelos corredores, os enfermeiros, o médico e as massagens no coração, de nada adiantam. Aliás, todas essas providências parecem, aos olhos de Beto, meras formalidades. O pai já havia partido, inexoravelmente.

Beto sofreu muito. Mudou-se para a casa de Silva e passou a compartilhar o quarto com Moacir.

* * *

Certa noite, em que os dois moços estavam descansando, em seus leitos, ouvindo música clássica, o que sempre faziam quando ficavam em casa, Moacir, de repente, diminui o volume da vitrola e diz:

– Beto...

– Sim...

– Eu vou lhe fazer uma pergunta...

– Pois não.

– Bem... na verdade, não sei se devo...

– Fale, Moacir. Pergunte o que quiser.

– É sobre a mágica que o seu pai fez no hospital.

– O que você quer saber? Pode perguntar.

– Como é que ele fez aquilo?

– Bem... eu não sei se deveria lhe dizer... é que...

– Desculpe-me, Beto. Eu acho que não devia ter-lhe perguntado.

– Olha, Moacir. Quando meu pai estava morrendo, ele me disse que, se eu quisesse, poderia lhe revelar o segredo.

– Beto, esqueça a minha pergunta. Eu acho que prefiro não saber.

– Moacir, nós não podemos ter segredos um para com o outro.

– Eu sei, mas o segredo é do seu pai e não seu.

– É meu, Moacir. Na verdade, fui eu quem fez o truque.

– Como assim?

– Quando você pensou em Jesus, eu li o seu pensamento e revelei a papai, sem que você percebesse.

– Você lê pensamentos, Beto?

– Leio. Sei que é meio difícil de acreditar, mas não posso lhe esconder isso.

– Quer dizer que você sabe tudo o que estou pensando?

– Não, não, Moacir. Não é bem assim.

– E como é? Eu não entendo.

– Aliás, faço disso um segredo, porque tenho medo de que as pessoas se afastem de mim com receio de que descubra os seus pensamentos.

– É o que me está acometendo, agora. Ninguém tem o direito de fazer isso.

– Eu sei, Moacir, e você tem de acreditar em mim. A não ser naquela noite, no hospital, nunca soube o que você estava pensando.

– Continuo a não entender.

E Beto conta a ele como tudo começou, os episódios do orfanato, o espetáculo de mágicas e a maneira como consegue fazer isso.

– Quer dizer que você só lê o pensamento quando quer?

– Sim, Moacir. E pode ter certeza e acreditar no que vou lhe dizer: nunca quero. Também acho que não tenho o direito de fazer isso, além do que, é muito desagradável para mim.

– Eu imagino.

– Mas não pude resistir à tentação de realizar um dos sonhos de meu pai de lhe fazer uma mágica.

– Eu compreendo.

Ambos ficam alguns minutos em silêncio até que este é cortado por Moacir.

– Beto, faz uma vez para eu ver.

– Eu prefiro não fazer, Moacir. Aliás, gostaria e faço o possível para esquecer como se faz isso.

– Desculpe-me.

Silêncio.

– Beto...

– Sim.

– Também tenho um segredo que gostaria de lhe contar.

– O que é?

E Moacir lhe conta de seus sonhos de criança, quando parecia sair de seu corpo e encontrar-se com outros meninos. Beto ouve estupefato e pergunta-lhe:

– Isso lhe acontece sempre?

– Não. A última vez foi quando eu tinha dez anos.

– E nunca mais lhe aconteceu...

– Até há um mês, não.

– Voltou, então?

– Voltou e de uma maneira bastante assustadora e, ao mesmo tempo, extraordinária.

– Como assim?

– Há um mês, mais ou menos, deitei-me pensando nesses fatos e imaginei que, talvez, se eu me concentrasse, ao dormir, conseguiria de novo.

– E conseguiu...

– Deixe-me contar. Depois de alguns minutos que estava deitado e já sonolento, senti um leve torpor me invadir. Uma grande calma percorreu-me o pensamento e parecia-me estar flutuando por sobre a minha cama. Uma sensação agradável. Instintivamente, imaginei-me baixando meu corpo. E consegui. A sensação que experimentei... deixe-me explicar-lhe melhor: era como se, na posição horizontal, ou seja, deitado, começasse a flutuar e subisse alguns palmos de altura. Aí, virei no espaço e, baixando, sentei-me na cama.

– Continue...

– Daí, e não sei por que cargas d'água, resolvi abrir

83

os olhos, coisa que raramente faço e, qual não foi a minha surpresa... quase gritei... eu estava enxergando.

– Enxergando?!

– Sim. Você sabe que conheço muito bem o meu quarto, minha casa, tudo pelo tato, mas nunca os vi.

– Sim...

– Pois tinha certeza de que estava enxergando o meu quarto. Foi lindo, Beto!

– E daí?

– Daí, levantei-me, pensando estar curado, esquecendo-me, por completo, que isso é praticamente impossível. Foi quando verdadeiro terror tomou conta de mim.

– O que aconteceu?

– Eu vi um dos meus livros em Braille sobre a cadeira e tentei apanhá-lo. Minha mão passou por ele como se um dos dois não existisse. Eu via o livro, assim como via todo o quarto e, também, a minha mão. Ela, porém, atravessava o livro e eu não conseguia pegá-lo. Nesse momento, olhei para o meu corpo, de pijama, e tentei tocar-me. Isso eu conseguia, mas o livro e a cadeira, não. Foi quando vi um tipo de cordão luminoso que saía de meu corpo e estendia-se para trás de mim. Acompanhei-o com o olhar e, virando-me para ver aonde ia dar, soltei um grito.

– O que viu?

– A outra extremidade dessa luz, em forma de cordão, entrava em um corpo inerte, deitado sobre a minha cama. E, ao olhar para aquele corpo, não tive dúvidas. Só poderia ser eu quem ali estava deitado.

– E o que aconteceu?

– Ao gritar, fechei os olhos e, num relance, percebi que estava, novamente, deitado em minha cama. Suava frio, tremia e não tinha coragem de abrir os olhos. Só a muito custo, e orando sem parar, eu os abri. Não enxergava mais e senti um alívio.

– E nunca mais aconteceu?

– Deixe-me contar-lhe.

– Desculpe-me.

– Fiquei vários dias lembrando-me do que havia acontecido e, sem coragem de contar a ninguém. Durante todas as noites seguintes, nada me aconteceu. Com o passar do tempo, comecei a sentir enorme vontade de tentar repetir a experiência, principalmente, porque nela eu poderia enxergar. Até que, uma noite, tomado de incompreensível coragem, deitei-me com o pensamento voltado em desprender-me, novamente. E o fiz. Quando digo que fiz é porque sabia que, se me deitasse com o firme propósito de repetir a experiência, eu conseguiria. E, realmente, aconteceu outra vez, mas não consegui ficar mais que alguns minutos nesse estado, pois o medo que senti foi mais forte. Dessa vez, não gritei. Apenas fechei os olhos e voltei a me encontrar deitado, novamente. Repeti, isso, várias vezes e ensaiei alguns passos pelo quarto, tentando, em vão, apanhar alguns objetos. A última noite que fiz isso, foi alguns dias antes da morte de seu pai e essa experiência abalou-me, profundamente.

– O que aconteceu?

– Liberto de meu corpo, e essa é a maneira que consigo para definir o que me acontece, revesti-me de uma grande coragem e, pasmado, passei através da porta fechada de meu quarto.

– Você atravessou a porta?

– Sim. Fiz isso como se ela não existisse, apesar de a estar vendo.

– E o cordão luminoso?

– Ele continuava ligado ao meu corpo deitado e não atrapalhava, em nada, os meus movimentos, pois, ia crescendo à medida que eu caminhava e não o sentia.

– Você atravessou a porta...

– Atravessei a porta e encontrei-me no hall de distribuição que dá para o quarto de meus pais e o de hóspedes. Se a porta do quarto deles estivesse fechada, não me atreveria a atravessá-la, mas como estava aberta, olhei para dentro e entrei. O que vi, não me sai da mente. Estou, até hoje, chocado.

– Viu o quê?

– Quando entrei, vi apenas meus pais, dormindo. Cheguei mais perto, pois queria ver os seus rostos. De repente, minha visão pareceu alongar-se e vi, primeiro, minha mãe, também liberta como eu, só que, o seu segundo corpo estava flutuando a apenas uns dois palmos acima do seu corpo real, ligados pelo cordão de luz. Dormia, tranquilamente. Olhei para o corpo de meu pai e vi que o seu cordão saía dele em direção aos pés da cama. No mesmo instante, em que volvi o olhar para o final dessa luz, ouvi os gritos.

– Gritos?

– Sim. Meu pai, liberto do corpo, estava de joelhos no chão, com o rosto entre as mãos e chorando, copiosamente. Um choro de medo, de desespero, de pavor. Mas, o que mais me chocou foi que, ao seu lado, em pé, um negro gritava com ele.

– Um negro?!

– Sim. Um negro, com uma medonha expressão de ódio no olhar, que não consigo esquecer, gritava e brandia os braços, ameaçando-o. E, apontando, para ele, o dedo em riste, o insultava e ameaçava.

– E o que ele dizia?

– Ele gritava: assassino! Matou meu filho! Você me paga! Eu o esperarei! Quando morrer, não terá mais paz, pois aí, eu poderei me vingar plenamente! Assassino! Mesmo nessa sua vida, conseguirei vingar-me. Conto os dias em que não poderá mais fugir de mim! – Na cama, o corpo de meu pai retorcia-se, como se estivesse tendo pesadelos. Não suportando mais os gritos daquele homem, fechei os olhos e vi-me, então, novamente deitado em meu quarto. Imediatamente, gritei por papai, na tentativa de acordá-lo. No segundo grito que dei, ele e minha mãe vieram correndo. Menti-lhes, então, que estava com cãibras no pé e papai fez-me massagens.

– Impressionante!

– No dia seguinte, no café da manhã, perguntei a ele se havia dormindo bem e, ao responder-me que sim, mamãe desmentiu-o, lembrando-o de que, já havia meses, sofria de pesadelos e que, talvez, fosse melhor que ele tirasse umas férias, coisa que não fazia há muito tempo.

– E você nunca mais tentou essa experiência?

– Beto, não tive mais coragem e penso que nunca mais terei.

– Acho que você deveria continuar a fazê-lo.

– Por que, Beto? Foi horrível!

– Penso que, se você possui essa faculdade, deve

explorá-la, não só como pesquisa, pois que acredito nesse tipo de desprendimento, como também, talvez, para ajudar seu pai.

– Você acredita nesse tipo de coisa? Pensei que fosse esta a primeira vez que ouvia falar nisso.

– Acredito, sim. Meu pai já me falou muito a respeito desses fenômenos, aliás, como você deve saber, ele era espírita. E lembro-me de ele ter falado que, quando dormimos, nós nos desprendemos do corpo, só que não nos lembramos depois.

– Mas, eu me lembro. É como se não estivesse dormindo. Eu saio e volto.

– Eu sei. Meu pai explicou-me que existem certas pessoas que conseguem fazer isso, mas que é muito raro.

– Incrível! E você acredita, mesmo, em tudo isso?

– Bem, conheço pouco a respeito do assunto, mas acredito. Aliás, acredito em tudo, principalmente porque, eu próprio possuo também uma faculdade rara. No tocante à transmissão de pensamento, meu pai explicou-me, certa vez, que ela é uma qualidade própria de determinados tipos de Espíritos e que o Espírito encarnado, ou seja, o homem deste Planeta, não consegue fazer uso dessa faculdade, porque o corpo material, que o envolve, bloqueia esse sentido. Explicou-me ainda que certas pessoas, como eu, possuem, como que uma válvula de escape que permite que essa faculdade se exteriorize. Na verdade, nunca me preocupei muito com tudo isso, porque o que eu queria, realmente, era me livrar desse poder, tanto que, nunca mais fiz uso dele, até o dia da morte de papai, quando fiz o que fiz, por uma questão de caridade.

– Eu entendo... E é impressionante!

– Moacir, eu compreendo toda essa sua preocupação, mas acho que deveria estudar e levar a sério esses fenômenos que realiza.

– E por que você não faz o mesmo, com a sua leitura de pensamento?

– Talvez eu devesse mesmo.

– De minha parte, tenho dúvidas se devo continuar a me desprender, apesar de que, pelo menos, posso enxergar durante esse desprendimento. O que me entristece, Beto, é que quando entrei no quarto de meus pais, não cabia em mim de felicidade, pois que, afinal, seria a primeira vez que veria seus rostos, que só conheço pelo contato de minhas mãos. Mas, vendo meu pai com todo aquele sofrimento...

– Por isso é que acho que você deveria continuar. Talvez pudesse ajudá-lo.

– Mas quem será aquele negro? Como pôde ele entrar em minha casa? Eu não entendo... ele era o único de nós quatro que não possuía aquele cordão luminoso.

Beto fica alguns segundos em silêncio, não sabendo se fala o que está pensando, ou não, até que resolve.

– Acho que esse homem é um morto, Moacir.

– Um morto? – o moço estremece.

– Sim, ou melhor, acho que é o Espírito de alguém que já morreu.

– Mas, o que teria ele a ver com meu pai?

– Não sei.

– Não entendo nada disso. Talvez a gente devesse procurar alguém que entende de Espiritismo.

– Acho que não. Aliás, vou lhe dizer o que penso: não

devemos dizer a ninguém sobre o que acontece conosco. As pessoas não entenderiam, nos chamariam de loucos e não sei quais seriam as consequências.

– Você tem razão.

– O que eu acho que temos de fazer é tentar estudar por nossa própria conta.

– Mas estudar como?

– Tenho os livros de papai e talvez encontremos alguma resposta neles. Além do mais, não sei de que outra maneira começar.

– Certo.

Alguns minutos de silêncio se passam e Beto, de repente, salta da cama, onde está deitado.

– Moacir! Tive uma ideia! Poderíamos tentar... sim... poderíamos tentar...

– Tentar o quê, Beto?

– Veja se você me entende. Raciocine comigo: você se desprende do corpo e eu tento ler os seus pensamentos. O que eu estou imaginando...

– Já entendi...

– O que é?

– Eu me desprendo, enquanto você se concentra e, talvez, possa, lendo os meus pensamentos, visualizar, também, a cena.

– É isso.

– Mas você não veria nada. Somente saberia o que estou pensando.

– Depende.

– Depende do quê?

– Eu e meu pai já fizemos, certa vez, algumas experiências, onde ele se limitava, somente, a olhar para as pessoas, procurando não pensar em nada, nem mesmo naquilo que estava vendo. Aí, então, eu via, não com os olhos, mas, com a mente, o que ele estava enxergando.

– Via com a mente?

– É difícil de explicar. É como se tivesse ou visse através de um outro olho, que não os meus.

– Poderíamos tentar... mas, tenho medo de encontrar aquele negro outra vez.

– Vamos fazer o seguinte: você não sai do quarto.

– Não sei... eu... está bem. Vamos tentar.

– Agora?

– Se eu conseguir dormir...

– Vamos lá.

Moacir deita-se, então, e procura dormir.

Dez minutos se passam até que ele consegue conciliar o sono, após o que, Beto, conforme combinaram, começa a concentrar-se. Alguns instantes depois, Beto começa a ver, mentalmente, da maneira como Moacir havia narrado, o teto do quarto e, de repente, a imagem começa a girar até que ele vislumbra a parede e a porta que se localizam defronte da cama. É que Moacir estava na posição horizontal quando se desprendera e, agora, conseguira ficar em pé no chão. A imagem mental era pontilhada de pequenos pensamentos, oriundos, logicamente, da mente de Moacir, onde Beto consegue perceber nervosismo e temor por parte do amigo. Vagarosamente, as imagens começam a se modificar, de acordo com o movimento que Moacir faz com os olhos e a cabeça, até que percebe, no quadro mental de sua consciência, a figura dele próprio, sentado na beirada da cama. Moacir deveria estar olhando para ele. Beto encontra-se extasiado. Conseguira enxergar, praticamente, com os olhos do amigo, e decidindo levar mais além a experiência, fala bem baixinho:

– Moacir, se você estiver me ouvindo, feche os olhos.

A escuridão se fez, então, na mente de Beto.

– Abra-os, agora.

As imagens voltam a aparecer.

– Fale comigo.

Moacir, então, fala o nome do amigo e pergunta-lhe se a experiência está dando certo. Beto não ouve com os ouvidos o que o amigo lhe falara, mas percebe, no pensamento, as palavras que Moacir dirige a ele, porém, de um modo mais vibrante do que as que costumeiramente experimentava ao ler apenas pensamentos.

– A experiência obteve sucesso absoluto. – responde Beto, baixinho, para que o corpo físico do amigo não desperte.

De repente, o susto. Quando Moacir volve o olhar, novamente, para a porta aberta do quarto, lá se encontra, nada mais, nada menos, que o negro que vira acusando seu pai. Com um olhar indescritível de ódio, o homem brada:

– Parem com isso, vocês dois, ou se darão muito mal. Sei que estão tramando contra mim, mas jurei vingar-me e nada vai me impedir. Sou mais forte que vocês. Não se metam comigo ou se arrependerão, malditos! Um já passou para este lado e eu vou pegá-lo. Só não o fiz porque ainda não o encontrei. Estão escondendo de mim, aquele capataz sujo que deu para fazer feitiçarias com lenços e bolinhas! Ele abandonou o meu filho. Maldito! Mas eu o pego, também. E este que está no outro quarto, matou o meu outro filho. E você, aí, que está sentado na cama! Ei!... O que está acontecendo com você?!!... que bruxaria é essa?!!... você está se transformando... em um negro... em meu filho!... meu filho!

E, gritando, o negro corre, emocionado, em direção a Beto que, corta a concentração e corre para o outro canto do quarto. Moacir, por sua vez, desperta, também assustado e senta-se na cama.

– Eu estou com medo, Beto!

– Calma, Moacir. Muita calma.

Moacir respira ofegante, enquanto Beto continua encostado na parede, perscrutando o ambiente. A seguir, exclama:

– A experiência deu certo.

– Você viu?

– Vi. Vi como estou vendo você, agora.

– Você me escutou?

– Mentalmente, sim. Você, também, me escutou?

– Sim.

– Impressionante!

– Ele disse que o meu pai matou o seu filho!

– Eu não estou entendendo nada. Ele disse que um capataz já passou para o lado de lá, ou seja, morreu.

– Estava falando do seu pai, Beto. Disse que fazia

bruxaria com lenços e bolinhas. Seu pai era mágico e me parece que usava essas coisas.

– Sim. Ele estava falando de meu pai. Mas, capataz, por quê? E disse que abandonou o seu filho. Depois, viu-me transformar em um negro e chamou-me, também, de filho. Não estou entendendo nada. Será que o meu verdadeiro pai era negro e me abandonou? Eu não posso acreditar.

– Você nunca soube quem foram seus pais?

– Não. O padre Eusébio sempre dizia que vim de uma cidade distante e que os meus pais haviam morrido. E, pelas poucas lembranças que tenho, pois tinha apenas quatro anos, meus pais eram brancos. Às vezes, até, consigo visualizar os seus rostos. Eu, simplesmente, não entendo!

– Será que ele ainda está por aqui?

– Não sei. Escuta, Moacir, vamos fazer uma oração pedindo proteção.

E, com bastante fervor, eles oram, rogando a Deus, coragem e proteção. Quando terminam, Beto sai, finalmente, do canto do quarto e senta-se, também, na cama.

– Beto, não sei se terei coragem de tentar, novamente.

– Por enquanto, não.

– Como assim?

– Acho que precisamos aprender, primeiro, o porquê de tudo isto, para depois tentarmos, novamente.

– Eu não sei...

– Você não quer ajudar seu pai e, talvez, o meu?

– Quero, mas...

– Você não deve ter medo, Moacir.

– Vou tentar.

Após alguns minutos de meditação, por parte dos dois, voltam ao diálogo.

– Moacir, não sei se você chegou a perceber, mas eu... é algo que não me sai da cabeça...

– O quê?

– Quando aquele negro chamou-me de filho, eu tive a nítida impressão de que a sua fisionomia se transformou.

– Não entendo.

– Ele tinha, por todo o momento, uma hedionda expressão de ódio em todo o semblante, em seu olhar e, de repente, percebi e, tenho certeza disso, que ele se transfigurou. Vi emoção e amor em seu rosto.

– Você percebeu isso?

– Sim. Pareceu-me que ele estava, realmente, olhando-me como que para um filho seu. Talvez, um filho que há muito tempo ele não via. Moacir, com toda a sinceridade, digo-lhe que, agora, ao lembrar-me da cena, sinto uma espécie de emoção. Para falar a verdade, parece-me, até, que já o conheço de algum lugar e estou sentindo muita pena dele. Ele deve estar sofrendo com isso. O ódio aniquila, Moacir.

– Eu não entendo.

– Nem eu estou me entendendo. Deus nos ajude.

– Você acredita em Deus, Beto?

– Acredito.

– Como você o imagina?

Beto fica, por alguns instantes, pensativo e responde:

– Certa feita, eu e meu pai tivemos uma conversa longa e interessante a esse respeito. Lembro-me, muito bem, que fiz essa mesma pergunta e ele explicou-me muitas coisas. Entre elas, ele dizia que tudo o que o homem explica, ele o faz, por meio de comparações. Por exemplo: quando tentamos descrever algum material, podemos dizer que ele é duro como uma pedra, ou mole como uma gelatina. Que ele tem a forma circular ou é quadrado ou triangular. Podemos dizer que, um outro objeto é sedoso, fazendo-nos reportar à maciez da seda. Que é frio ou quente, sensações que conhecemos. Mas que, para definir Deus, o homem ainda não possui meios de comparação para descrevê-lo. Como, por exemplo, poderíamos entender o que é infinito? Dizia, porém, que poderíamos provar ou acreditar na existência de Deus, por um simples axioma científico: não há efeito sem causa. Se procurássemos a causa de tudo o que não é obra do homem, somente poderíamos encontrar Deus. Reportava-se, ainda, ao sentimento intuitivo que o homem tem da existência desse Ser Superior, tanto no nosso meio civilizado, como dentre os antigos selvagens que povoaram nosso Planeta.

– Li em um livro de ciências, em Braille, que a formação das coisas teria sido causada pelas propriedades íntimas da matéria.

– E essas propriedades não teriam que ter tido uma causa primeira? Na verdade, essas propriedades não são causas e sim efeitos de uma causa desconhecida.

– É verdade... Por mais que tentemos encontrar uma causa, ela passa a ser um efeito.

– Amanhã, começaremos a estudar nos livros de papai e, se Deus quiser, chegaremos a uma explicação para tudo isso que está ocorrendo.

– Será...?

– Tenho fé que conseguiremos.

– E se o Espiritismo não conseguir explicar?

– Não vamos pensar nisso, agora. Vamos tentar.

– E você sabe como começar?

– Meu pai, uma vez, mostrou-me uma caderneta de anotações que ele fizera e que eu deveria utilizar, caso um dia, resolvesse me interessar pela Doutrina Espírita.

– E onde estão essas anotações e esses livros de seu pai?

– Estão guardados em duas gavetas de minha escrivaninha, lá na firma. Amanhã, eu trago.

VI

Novos acontecimentos

O DIA SEGUINTE TRANSCORRE NORMALMENTE PARA BETO, no seu trabalho na empresa em que Silva era diretor. Na hora do lanche, durante os quinze minutos habituais de folga, Beto aproveita para embrulhar alguns livros de seu pai e começa a ler algumas páginas da caderneta de anotações a que se referira na noite anterior.

Moacir, por sua vez, tem uma tarde bastante agitada. Lá pelas quinze horas, depois de ouvir, deitado em seu quarto, algumas músicas, sente sono e, apesar de, há algumas horas, estar lutando contra a ideia que o acometia, não consegue conter-se e concentra-se no desejo de desprender-se do corpo. Alguns minutos se passam e eis que, de repente, logo após o estado de torpor que antecede o sono, sente-se, novamente, liberto da matéria e, vagando pelo quarto. Desta feita, percebe não estar sentindo medo. Examina todo o ambiente, passando, algum tempo, a admirar o seu próprio corpo estendido na cama. Atravessa, enfim, a porta de seu quarto e, tendo sua mãe e a empregada saído para compras, percorre toda a casa, chorando de emoção por conseguir enxergar aqueles ambientes que o cercaram desde que nascera e que só os conhecia e, muito bem, até então, pelo tato. Continua a percorrer a casa, até que se vê no hall de entrada. Para, não sabendo se deve fazer o que lhe passara pela mente. Fica alguns instantes naquela posição indecisa até que, tomado de um estranho impulso, atravessa a porta que delimitava aquele seu mundo acolhedor e familiar com o burburinho da rua. Caminha até o portão de ferro e, girando sobre os calcanhares, conhece, pela primeira vez, a fachada daquela que tinha sido e ainda era sua casa e seu lar. "Como era linda a sua casa!" – pensa. Ficou girando sobre si mesmo, olhando para o alto, e copiosas lágrimas lhe correm pelo rosto ao ver e admirar o céu azul, com algumas nuvens esparsas, tão alvas como flocos de algodão. Olha, diretamente, para o sol e a luz o ofusca. Sabe disso, pois já lera, a respeito, em livros em Braille, que narravam sobre a Natureza.

Sai na calçada, onde vê pessoas que andam apressadas em várias direções e automóveis que vêm e vão.

– Meu Deus! – pensa. – Que maravilha é enxergar! Se os homens soubessem avaliar esse dom! Mas eu vos agradeço, meu Deus, por estar tendo esta oportunidade que, sei, muitos outros cegos não possuem.

As pessoas passam ao seu lado e através dele como se não existisse. Acha graça nisso. E, ainda está maravilhado com tudo o que lhe está acontecendo, quando percebe que, um negro, na calçada oposta à que estava, olha para ele como se o estivesse vendo. Fixa seu olhar em direção àquele indivíduo e percebe que suas vestes e, mesmo, sua compleição física, são diferentes das outras pessoas. Veste um longo manto escuro, que lhe cobre todo o corpo, inclusive a cabeça e sua fisionomia são algo apavorante, assustador e mesmo repelente. A tal criatura criva, com mais intensidade, seu olhar nele e, num átimo, parte de onde está, em sua direção. Passa por entre os carros, desviando-se deles, o que faz Moacir pensar que se trata de alguém material. Será que haverá figuras tão horrendas no mundo? Como será que ela o enxerga? Não nota nenhum cordão luminoso no homem. Como será que ele o está enxergando? – pergunta-se, novamente. E sente medo, mas, desta feita, fica firme, tentando vencer o temor.

Acercando-se dele e mostrando, ao abrir a boca, horrendos dentes pontiagudos, vocifera:

– Volte para o seu mundo! Não se meta deste lado, ou se arrependerá!

– Quem é você? – pergunta Moacir.

– Já vi que não tem medo, moço, mas eu vou lhe mostrar uma coisa: veja isto!

No mesmo instante, a criatura toca-lhe as mãos. Moacir sente o contato frio e pegajoso. Recua. A figura grotesca o vê e consegue tocá-lo. Não está entendendo, e começa a sentir um grande pavor a lhe corroer o íntimo.

– Veja!!! – grita o homem, mostrando outras tantas monstruosas figuras sombrias que, partindo de várias direções, correm para Moacir. Este dispara, de volta, para dentro de casa e para seu quarto, na tentativa de refugiar-se, novamente, em seu corpo, mas tenta, em vão, sobrepor-se ao seu "eu" material. Deitado, encaixando-se, como uma peça de quebra-cabeças, no próprio corpo, suplica:

– Meu Deus!!! Me ajude! Eu não consigo acordar! Ajude-me, por favor!

As criaturas não haviam conseguido atravessar, como

ele o fizera, a porta de sua casa e ficaram do lado de fora. Como nada conseguisse no que se referia a voltar para seu corpo físico, continua deitado e fecha os olhos. De repente, sente como que um repuxo e percebe, por um estranho peso em todo corpo, que voltara. Levanta-se, descerra os olhos e constata que está, de novo, cego. Não se contentando com apenas essa prova de que, realmente, voltara, tateia a cama para verificar que seu corpo não está ali, e sim, com ele próprio.

* * *

À noite, no jantar, os dois moços encontram-se ansiosos para se recolherem, pois desejam continuar a trocar ideias sobre o que tinham proposto.

– Trouxe os livros e a caderneta de anotações de meu pai – confidencia Beto, assim que entram no quarto que eles ocupam.

– Preciso lhe contar uma coisa muito importante, Beto. Você não vai acreditar!

– O que é, Moacir?

– Sente-se e ouça sem interromper-me.

E, pausadamente, descreve ao amigo a experiência por que tinha passado, em todos os seus detalhes, sem, praticamente, nada omitir.

– Mas é fantástico, Moacir!

– É aterrador, Beto. Não estou entendendo nada disso e tenho muito medo.

– Compreendo. De fato, até eu ficaria aterrorizado, quanto mais você que não está acostumado a ver nem o que lhe cerca e, de repente...

– Eu acho que devemos parar. Aliás, de minha parte...

– Espere, Moacir. Você não acredita em Deus?

– Acredito.

– Não confia Nele?

– Instintivamente, confio. Se não confiasse, como aguentaria toda essa minha vida na escuridão?! Mas tenho muito medo. Pensei que nunca mais conseguiria voltar a este mundo. O que será que aconteceu?

– Ainda não sei, mas tenho certeza de que descobriremos. Entendo o temor que você sente por tudo isso. Em seu lugar, sentiria o mesmo, mas acredito que essa sua capacidade não é algo que deva ser desprezado e esquecido. Se você é capaz de fazer o que faz é porque Deus assim o permite. E eu confio Nele.

– Dê-me um pouco mais de tempo. Sinceramente, não tenho coragem de tentar novamente. Eram tantos negros! E horrendos!

– Tudo bem.

– E quanto aos livros?

– Estão todos aqui.

– A caderneta, também?

– Sim. Aliás, hoje, já li alguma coisa dela.

– O quê, por exemplo?

– Meu pai começa a escrever dizendo que, antes de ingressar no Espiritismo procurou fundamentar bem o pensamento religioso e estudou, verdadeiramente, muitas filosofias religiosas e que, hoje, quer dizer, na época em que ele escreveu, diz que está de pleno acordo com as explicações doutrinárias feitas por Allan Kardec, no século dezenove.

– Quem foi Allan Kardec?

– Pelo que sei, foi quem codificou o Espiritismo.

– Codificou?

– Sim, quem coligiu todos os ensinamentos dados pelos Espíritos, enfeixando-os em cinco livros básicos. De acordo com Kardec, os homens, na sua grande maioria, se preocupam com o que lhes acontecerá depois de atravessarem o pórtico da morte. E, nessa preocupação, procuram encontrar explicações que venham a satisfazer-lhes os desejos e anseios. Reporta-se, ainda, que nessa procura da verdade, o materialismo conseguiu enraizar-se na mente de muitos intelectuais, pelo fato de as crenças religiosas do passado não atenderem mais ao que a Ciência atual nos explica com dados positivos. Porém, o materialismo peca em pontos fundamentais: se ele fosse aceito pela Humanidade, os gozos materiais seriam as únicas aspirações do homem, mas este traz, no mais recôndito íntimo do seu ser, grandes dúvidas a esse respeito, o que faz com que se respeitem uns aos outros, na esperança de que estejam errados quanto a essa filosofia materialista. Meu pai relata, também, como leu em um determinado livro espírita, que a própria Ciência está pondo por terra esse pensamento. Com o progresso científico, o homem, hoje, sabe que a energia pode ser, digamos assim, condensada e transformada em matéria densa e que a matéria, também pode ser transformada em energia, advindo daí que a matéria nada mais é do que energia e vice-versa. Nessas descobertas, comprovadas pela própria Ciência, o materialismo tende a desaparecer, principalmente, por falta daquilo em que ele mais se baseia, que é a própria matéria.

– Bacana! Gostei!

Beto, agora, folheia mais algumas páginas da caderneta de anotações de seu pai e continua.

– Agora, eu vou lhe relatar o que considero de mais importante para o nosso raciocínio que é o que se refere à doutrina dogmática. Nessa doutrina, a alma ou espírito é criado por ocasião do nascimento do bebê. Tudo o que ele aprender em sua passagem pela Terra é o que lhe valerá, intelectual e moralmente, depois da morte. Acredita, essa doutrina, que os maus serão condenados a sofrer castigos eternos e infindáveis em um lugar denominado Inferno, de nada lhes adiantando o seu arrependimento dos males que provocaram. Deus não lhes dá oportunidade nenhuma de repararem o mal ou, como já disse, de arrepender-se. Os bons serão recompensados e viverão junto a Ele nos páramos celestiais em eterna contemplação de sua magnitude. Meu pai escreve, ainda, que, dentro desse pensamento, a afirmativa de que "Deus é todo bondade" é falha, pois que, se um pai ou uma mãe, sempre estão prontos a perdoar um filho, por faltas cometidas, dando-lhe oportunidade de renovar-se, por que Deus não o pode fazê-lo? Seria o pai terrestre mais bondoso que o próprio Deus? Será que... – Beto faz uma pequena pausa – ... veja você, Moacir, que interessante e que verdade encerra este pensamento: o homem possui uma média de vida de cerca de setenta a oitenta e tantos anos. Dentro da eternidade, que é infinita, o que representa esse lapso de tempo de oitenta anos? Matematicamente, podemos dizer que ele, praticamente, inexiste. Para sermos mais complacentes, poderíamos dizer que é um estalar de dedos. Como pode, então, um homem com esse infinitamente pequeno espaço de tempo, presumir que possua alguma condição, por melhor que tenha sido, de encontrar-se com Deus? Veja estes outros pensamentos: se o Céu é lugar de felicidade, como poderia, por exemplo, uma mãe ser feliz nesse Paraíso, tendo, talvez, um filho no Inferno, num eterno sofrer, sem poder ajudá-lo? Agora, papai transcreve algumas perguntas que Kardec fazia ao citar esse tipo de doutrina: Primeira: Como seriam distribuídas, entre os homens, certas disposições inatas, quais sejam, intelectuais, morais, que fazem com que eles nasçam bons ou maus, inteligentes ou idiotas? Segunda: O que aconteceria às crianças que morrem em tenra idade? Por que vão elas para o Céu, sem o sacrifício a que outras pessoas ficam sujeitas, durante muitos anos? Por que iriam para o paraíso celestial sem terem tido tempo de fazerem o bem, ou então, vão para lugares de sofrimento, sem terem feito mal algum? Terceira: O que aconteceria com os doentes mentais, idiotas, que não sabem o que fazem? Quarta: Por que a injustiça das misérias e das doenças de nascença, já que não são resultantes de nada que tenham feito na vida presente? Quinta: E quanto aos selvagens e os povos ignorantes que vivem em estado inferior de intelectualidade e de moralidade em que nasceram, forçados pela própria Natureza? Sexta: Por que Deus cria almas mais favorecidas do que outras? Sétima: Por que permite que morram pessoas que poderiam melhorar-se caso vivessem por mais tempo, já que não podem progredir depois da morte? Oitava: Por que Deus criou os anjos já perfeitos sem terem o trabalho e as imposições da vida material a lhes proporcionarem maiores chances de sucumbir diante das tentações, etc., etc., etc.? Cita, ainda, nessa doutrina, a separação irreversível dos condenados e dos eleitos e a impossibilidade de auxílio e socorro para os condenados.

– Nunca tinha ouvido tanta verdade e da maneira tão simples como é exposta! – fala, entusiasmado, Moacir.

Depois de lerem mais algumas considerações sobre

o assunto, resolvem dormir, combinando continuarem o estudo na noite seguinte. Beto tem vontade de, mais uma vez, realizar a experiência da noite anterior, mas, como Moacir nada comenta e, também, ciente das emoções por que o amigo passara naquela tarde, reprime esse seu desejo e nada diz.

Naquela madrugada, os dois acordam, sobressaltados, com gritos alucinantes, vindos do quarto de seu Silva.

– Corre lá, Beto! É papai!

Beto dispara até o quarto e, no mesmo momento em que entra no cômodo, a luz se acende.

– Acalme-se, Silva! Por favor! Foi apenas um pesadelo.

É dona Nega quem tenta acalmar o marido, sentado na cama, com os olhos esbugalhados e com a respiração opressa.

– Meu Deus! – balbucia o homem.

– O que aconteceu? – pergunta Beto.

– Deve ter sido um pesadelo – responde dona Nega. – Eu vou buscar um copo com água.

Beto senta-se na cama e tenta acalmar o homem. No íntimo, sabe o que deve ter-lhe acontecido durante o sono, mas não ousa perguntar-lhe nada.

– Beto! – chama Moacir. – O que aconteceu?

– Vá acalmá-lo, Beto. – pede Silva – Eu já estou bem.

Beto dirige-se de volta ao quarto.

– O que foi?

– Seu pai teve um pesadelo.

– Eu vou até lá.

Como sempre fazia, apesar de não ser necessário, toda vez que Beto estava em casa, ajudava o amigo a caminhar.

– Oh, Moacir! Senta, aqui, na cama. Desculpe-me pelo susto que preguei em vocês. Foi apenas um sonho.

– Tome esta água! – pede dona Nega, entrando no quarto. – Ele, ultimamente, vive tendo pesadelos. Já lhe disse para trabalhar menos. Talvez, até fosse melhor fazer uma consulta com algum médico. Ele poderia lhe receitar alguns calmantes.

– O senhor está com problemas na empresa, papai?

– Não. Não tenho problema algum. Muito pelo contrário, e o Beto, aqui, pode confirmar isso, a firma está muito bem e vai de vento em popa. Até estamos pensando em abrir uma sucursal no norte do País.

– É verdade! – confirma Beto.

– O que você sonha, Silva? – pergunta-lhe a mulher.

– Não sei... depois que acordo, já não me lembro mais. Tenho a impressão de que sonho com alguém que conheço, mas não me lembro quem é.

– Algum amigo?

– Acho que não. Parece que toda vez que sonho com ele, coisas horríveis me acontecem no sonho.

– O senhor não se lembra quem ele é?

– Não. Imagino que seja alguém conhecido, mas não consigo lembrar-me. Tento, ao acordar, desfilar, no pensamento, todas as pessoas que conheço para ver se dá algum "estalo" na memória, mas não consigo.

– Talvez, não seja alguém que o senhor conhece, mas alguém que conheceu.

– Como assim?

– Alguma pessoa – explica Moacir – que o senhor conheceu, alguma dia, mas que não faz mais parte de seu círculo de amizade e nem se lembra mais.

– Talvez, alguém que já tenha morrido. – sugere Beto.

– Pode ser. Deixe-me ver... não... não consigo lembrar-me.

– O senhor já teve inimigos, seu Silva?

– Por que me pergunta isso?

– À toa. Aliás... é uma bobagem...

Beto faz-lhe essa pergunta com a intenção de fazê-lo lembrar-se de algum desafeto seu que já tenha morrido.

– Bem... vamos todos dormir, que já é tarde.

– Podem dormir tranquilos, meninos. Já estou bem.

Quando estão para sair do quarto, Beto sente uma enorme tontura e, apoiando-se em Silva, senta-se na cama.

– O que foi, Beto?! Está sentindo alguma coisa? – interroga-o, segurando o moço pelos ombros.

– Estou zonzo... Meu Deus! Não consigo nem ficar sentado...

Deita-se e começa, imediatamente, a suar.

– Estou mal...

– Papai, faça alguma coisa – grita, desesperado, Moacir.

– Depressa, Nega, telefone para o Dr. Álvaro, enquanto esfrego um pouco de álcool nele.

Dizendo isso, corre para a despensa, em busca do líquido.

– Ninguém atende, Silva!

– Telefone, então, para o Fabrício, da farmácia. É aqui perto e ele virá correndo.

A seguir, Silva embebe um pouco de álcool misturado com vinagre, em um chumaço de algodão, e faz Beto cheirar, esfregando também o seu rosto e os punhos.

– Ele já vem vindo, Silva. – diz dona Nega, entrando no quarto. – Está melhorando?

– Não sei. Beto, fale comigo. Beto!

O moço limita-se a pequenos gemidos e mais alguns minutos se passam.

– A campainha, mãe. Deve ser seu Fabrício.

Dona Nega corre abrir a porta.

– Entre, seu Fabrício. Ele está aqui, no quarto.

O farmacêutico entra e examina as órbitas de Beto, enquanto lhe toma o pulso.

– Como foi?

– Nós estávamos todos aqui e o Beto estava bem. De repente, disse que estava zonzo. Deitou-se e, agora, não fala nada. Só geme.

Seu Fabrício o examina por mais alguns poucos momentos e, abrindo-lhe os botões do paletó do pijama, explica:

– Tenho que dar-lhe uma injeção. Por favor, deixem-me a sós com ele. O quarto é pequeno e está muito abafado.

– Eu abro a janela. – diz dona Nega.

– Saiam todos e deixem por minha conta.

– Mas... – reluta Moacir.

Silva, percebendo o pedido categórico de Fabrício, ordena a todos:

– Vamos deixá-los a sós.

E saem.

– Ele trancou a porta com a chave, Silva – preocupa-se dona Nega.

– Vamos esperar.

Após dez minutos intermináveis, em que só conseguem ouvir de vez em quando, e de maneira ininteligível, a voz baixa de Fabrício, este abre a porta.

– Podem entrar. Ele já está bem.

Todos entram. Beto está sentado na cama, com a fisionomia cansada.

– Oh, Beto, que susto! – abraça-se a ele, dona Nega. – Você está bem?

– Não sei o que aconteceu...

– Você teve um desmaio.

– É... lembro de ter me sentido mal.

– Ele está bem, agora, Silva.

– O que aconteceu?

Fabrício reflete por alguns instantes e, finalmente, se pronuncia:

– Foi um ligeiro mal-estar. – diz, puxando Silva para fora do quarto.

– O que ele tem?

– Silva, não sei se acredita nessas coisas, mas, realmente, o que Beto tem é mediunidade.

– Mediunidade?

– Sim. Você sabe o que é isso, porque já leu alguns livros sobre o assunto.

– Sim... mas como ele poderá se livrar disso?

– Ele não deve livrar-se disso e, sim, desenvolver essa potencialidade para poder dominá-la.

– Você tem certeza de que é mediunidade?

– Tenho. Agora, pode ser que nunca mais isso aconteça. Vou dar um pouco de tempo e, depois, gostaria que você me permitisse conversar com ele a respeito. Sei que seu pai, Vereda, o permitiria.

– Tenho certeza que sim.

– Assim que eu tiver uma noite livre, eu o aviso e, você, por favor, peça ao Beto para me procurar. Talvez, amanhã...

– Eu o farei. Muito obrigado. Quanto lhe devo?

– Nada.

– Como assim?

– Se o problema dele tivesse sido sido físico, eu cobraria os meus serviços, mas, nesse caso, não posso fazê-lo.

– Mas você não lhe deu uma injeção?

– Não. Eu não dei injeção material alguma.

Dizendo isso, o farmacêutico se despede e sai.

– Você está bem, Beto?

– Estou, seu Silva, e sinto muito sono.

– Então, vamos todos dormir.

VII

Lições de Fabrício

São DEZENOVE HORAS, QUANDO, NA NOITE SEGUINTE, terminam de jantar, em casa dos Silva.

– Beto, hoje recebi um telefonema de seu Fabrício, da farmácia, pedindo para que você vá até lá, esta noite. Ele quer conversar com você.

– Eu irei. Você quer ir comigo, Moacir?

– Vou, sim. Preciso tomar um pouco de ar.

– Não seria melhor você ir sozinho, Beto? – pergunta, preocupado, Silva.

– Oh, papai, preciso sair um pouco. – insiste Moacir.

– Está bem.

Vencidas as poucas quadras de distância, chegam à farmácia, onde a esposa do farmacêutico os leva até uma sala, nos fundos da casa. A sala serve de escritório, possuindo uma escrivaninha e uma grande estante repleta de livros. Nesse momento, entra Fabrício.

– Boa noite, Beto. Como está?

– Muito bem, seu Fabrício.

– E você, Moacir?

– Tudo bem. – responde o moço, procurando, no ar, a mão do homem, para o cumprimento.

– Beto, eu o chamei até aqui e, não me leve a mal, Moacir, mas gostaria de ter uma conversa, em particular, com seu amigo.

– Não sei sobre o que o senhor quer conversar, mas, se for algo a meu respeito... bem... entre eu e Moacir não há segredos.

– Muito bem. Vamos, então, ao que interessa. Sentem-se, por favor.

– Obrigado. – diz Beto, ajudando Moacir a encontrar a cadeira.

– Beto, ontem, como você sabe, eu o atendi, em sua casa.

– Sim.

– Você tem noção do que lhe aconteceu? Olhe, não precisa preocupar-se, pois não é nada demais e, fisicamente, você está perfeito.

– Bem, creio ter sido um mal-estar qualquer.

– Beto, o seu pai era espírita, você sabe...

– Sim.

– Você também acredita nessas coisas?

– Na verdade, seu Fabrício, nós estamos, justamente, começando a estudar o assunto.

– Muito bem. Beto, o que aconteceu com você,

ontem, chama-se mediunidade. Talvez você não saiba, mas todas as pessoas, no fundo, têm um determinado grau de mediunidade. A maioria, de maneira quase que imperceptível, outras, com bastante intensidade e, em algumas, essa capacidade se pronuncia por uma única vez.

– Quer dizer que ontem...

– Ontem, você apanhou as más vibrações de Espíritos menos felizes. Espíritos que, talvez, estivessem querendo prejudica-lo.

– E o que foi que o senhor fez?

– A grosso modo, lhe apliquei uns passes e consegui, graças a Deus, afastar essas entidades espirituais.

– Passes? – pergunta Moacir.

– Sim, passes. O passe nada mais é do que uma doação de energia de uma pessoa para outra, com o intuito de auxiliá-la, física ou, digamos assim, moralmente. Mas vou lhes explicar melhor. Uma grande parte das doenças, tanto do corpo como da mente, são originadas por desequilíbrios das correntes vitais do organismo, e os passes, normalmente, recolocam-nas em equilíbrio. O passe ajudou, não somente você, como também, aqueles Espíritos infelizes e imperfeitos que queriam prejudicá-lo.

– E que razões eles teriam para isso? – pergunta Beto, cortando as explicações do farmacêutico.

– As razões não sei ainda, mas quero sugerir a você frequentar as nossas reuniões de estudo e assistência espiritual, para que aprenda a controlar essa faculdade.

– Moacir, acho que já encontramos alguém que pode nos ajudar.

– Ajudá-los?

E Beto, então, juntamente com Moacir, narra a seu Fabrício tudo o que lhes acontecera desde a infância, às voltas com os fenômenos, até os dias de hoje.

– São bastante raras essas faculdades mediúnicas de vocês.

– Seu Fabrício, o que significa, para o senhor, o fato do negro chamar-me de filho? De tentar prejudicar e ficar acusando, assim, injustamente, seu Silva?

– Certamente, são lembranças de encarnação ou encarnações passadas...

– Como assim? O senhor não poderia nos explicar melhor?

– Bem... vou tentar traçar, em rápidas palavras, algumas coisas sobre o Espiritismo, para vocês terem uma noção do que acreditamos. Mas, devo preveni-los de que essa nossa filosofia religiosa não é algo que se possa aprender com meia dúzia de palavras. Se vocês estiverem, realmente, interessados nela, será preciso que estudem muito e que se esforcem bastante. É uma filosofia clara e lógica, onde não há pontos de interrogação, mas que requer, como já disse, um estudo muito profundo. Sempre terão o que aprender.

– É o que pretendemos: estudar bastante para encontrar as respostas.

– Vocês, como me relataram, já raciocinaram em torno da existência de Deus e das diversas doutrinas existentes. Porém, devo dizer-lhes, que, na nossa maneira de pensar, respeitamos e damos o devido valor ao homem que segue a sua religião, seja qual for e que, com ela, palmilha o caminho do Bem, nas pegadas de Cristo. É lógico que, nós, espíritas, acreditamos, piamente, em nossos princípios e na nossa filosofia, que consideramos a verdadeira maneira de ser da vida, porém, como já disse, respeitamos e achamos até importante que as outras religiões existam. Nós apenas lamentamos o fanatismo religioso que a nada leva e nem procuramos forçar ninguém a crer nas nossas verdades, mas fazemos todo o possível para divulgá-las, de maneira bem liberal.

Fabrício faz uma pequena pausa e recomeça:

– A nossa religião nada tem de especial ou dogmático. Vocês verão que não nos utilizamos de simbologia alguma e, muito menos, de objetos. O nosso símbolo é o raciocínio lógico e liberto, e o nosso altar, o coração. Para nós, espíritas, a verdadeira vida é a espiritual, onde os Espíritos, conforme a sua elevação moral e os seus sentimentos de amor para com o próximo e para com o Criador, vivem e operam em determinadas esferas vibratórias.

– Esferas vibratórias?

– Sim. Esferas vibratórias ou planos espirituais são denominações que, comumente, usamos para caracterizar os locais onde se situam os Espíritos. E, conforme o grau de evolução, eles se revestem de formas mais ou menos sutis, até que se libertem, totalmente, delas.

– Quer dizer que, quando morremos, continuamos a possuir um corpo?

– É mais ou menos isso, só que um corpo que vibra em uma outra dimensão que, para nós, é a verdadeira vida. A esse corpo, nós chamamos de perispírito. Aliás, e isso é muito importante, é o perispírito que serve como meio de ligação entre o Espírito e a matéria.

– Todos nós temos um Espírito?

– Antes de responder, vou corrigir essa sua frase. Nosso Espírito é que possui um corpo, ou seja, nós possuímos um corpo. Quando esse corpo morre, nos desprendemos dele e voltamos para a verdadeira vida que é a espiritual, revestidos com o nosso perispírito.

– Quer dizer que, quando me desprendi, eu, em Espírito, libertei-me temporariamente, do meu corpo?

– Sim. Quando dormimos, todos nós nos desprendemos, parcialmente. Lembre-se de que você ainda ficou ligado a ele, por intermédio de um cordão luminoso.

– Sim...

– Como já disse, todos nós nos libertamos do corpo, quando dormimos. Alguns ficam adormecidos, pairando, por assim dizer, a alguns centímetros dele. Outros, procuram se relacionar com outros Espíritos afins. Mesmo, nesses casos, uns se deslocam para planos espirituais superiores, outros, para planos inferiores.

– Como assim?

– É muito simples. O relacionamento com o lado de lá, obedece às mesmas preferências de convívio do lado de cá. Por exemplo: uma pessoa que gosta de conviver com outras de vida moral regrada, será atraído por aquelas que, à maneira dela, também têm essa disposição. Por outro lado, indivíduos de baixa moral, terão outro círculo de afinidades. Vejam vocês que o que comanda isso é a disposição íntima da pessoa e não o que ela aparenta ser.

– É impressionante! – exclama Moacir.

– Mas como não nos lembramos de nada? – pergunta Beto.

– Porque, apesar de ainda ligados ao corpo, pelo cordão, o cérebro material registra pouquíssimo do que ocorre com o cérebro perispiritual. E existe, também, o que chamamos de sonho mental, onde o inconsciente faz desfilar, pela consciência adormecida, fatos registrados e "armazenados" durante o dia ou em outras ocasiões de nossa vida. Por isso, pouquíssima coisa conseguimos nos recordar de nosso desligamento. Quando o fazemos, quase sempre, é de maneira bastante ilógica e fantasiosa.

– Mas nada fica gravado no cérebro?

– Fica. Tudo o que passamos do outro lado, durante o sono, fica gravado em nosso subconsciente.

– E por que eu me recordo e até com detalhes do que me acontece quando me desprendo? – pergunta Moacir.

– Por que esse seu desprendimento do corpo possui essa característica especial com algum objetivo permitido pelo Plano Maior. Na verdade, há mais pessoas que também acabam por se lembrar. Talvez, após cumpridas algumas tarefas, compromissadas por você mesmo, essa sua capacidade de se recordar desapareça.

– E depois da morte? – pergunta Moacir.

– E a reencarnação?

– A reencarnação é o mecanismo de nossa evolução. Vou tentar explicar-lhes. É de uma lógica muito grande que a vida não termina com a morte, porque, senão, para que serviria tudo isto? Vocês já estudaram a respeito, pelo que me contaram, nas anotações do pai do Beto.

– Sim.

– Pois bem, partindo do princípio de que acreditamos

em Deus e de que a vida não termina com a morte, o que será que poderia acontecer depois dela?

– O Céu ou o inferno?

– Vamos, então, partir dessa premissa, na qual os bons e justos irão para o Céu onde reina a total felicidade junto a Deus. E os maus irão padecer, eternamente, no inferno. Pois bem. Se o Cristo nos ensinou a que amemos ao próximo e aos nossos próprios inimigos, como poderíamos ser felizes no Céu, com tantos irmãos nossos a padecer, eternamente, no Inferno, sem nada podermos fazer para recuperá-los?

– Meu pai escreveu sobre esse exemplo, de uma forma muito bonita, reportando-se a uma mãe, no Céu, tendo, um seu filho, no inferno. Ele perguntava, também, como poderia uma pessoa, com uma média de idade entre setenta a oitenta e tantos anos, vir a ter condições de se encontrar com Deus, criatura perfeita. Que oitenta anos, no tempo infinito da eternidade, representam muito pouco.

– Isso é verdadeiro e muito sábio. Vejam vocês, que dizemos que Deus é bom e justo. Como pode, Ele, ser bom e justo se não dá oportunidade a um filho, que errou, de se arrepender e tentar reparar o mal cometido?

– Essa oportunidade é a reencarnação?

– Exato. Mas, antes de explicar, faço outra pergunta: como pode ser Deus justo, se Ele não dá as mesmas oportunidades a todos aqui na Terra?

– Nós já discutimos a esse respeito.

– Uns nascem em berços de ouro, sem os problemas materiais que outros possuem e estes, talvez por isso, voltam-se para o crime. Uns, apesar de nascerem sem problemas financeiros, possuem pais que, não lhes dando a educação necessária, são induzidos a esses mesmos crimes e outros que, possuindo os problemas materiais, possuem pais que os educam tão bem, através de exemplos edificantes que, apesar da pobreza, são exemplos de moral e consentâneos com os princípios cristãos. E o que dizer daqueles que aqui vêm ter apenas para sofrer? São os cegos, os aleijados, os doentes mentais. E as crianças que morrem em tenra idade? Não tiveram a oportunidade de se demonstrarem boas ou más.

– É verdade.

– Vou relatar a vocês um caso que presenciei, pois convivi com seus personagens. Um amigo meu casou-se e, desse casamento, advieram dois filhos gêmeos. Eles devem ser, atualmente, um pouco mais velhos que vocês. Isso aconteceu na minha cidade natal, que é onde eles moram, até hoje. Eu era íntimo desse meu amigo e de sua esposa e sei que essas duas criaturinhas foram criadas e educadas com igualdade de carinho e desvelo. Porém, já com seus dez anos de idade, o que se chamava Pedro era um exemplo de menino. Estudioso, bem comportado, era respeitador e amigo de todos os seus conhecidos. Luís, por sua vez, era o contrário do irmão. Não estudava, alegrava-se fazendo malvadezas e não respeitava ninguém. O pai vivia dando conselhos e, quando o fazia, procurava fazê-lo aos dois, simultaneamente. Muito bem. Hoje, Pedro é engenheiro recém-formado e um bom rapaz. Luís, no entanto, já praticou vários assaltos a mão armada e o pai e a mãe desconhecem o seu paradeiro, já que se transformou em um foragido da justiça. Agora, raciocinemos: alguma coisa ocasionou essa diferença de comportamento. Mas o quê? O acaso? Se foi o acaso, por que com Luís? Por que tudo isso não ocorreu com seu irmão? Onde estaria a imparcialidade de Deus? Aleatoriedade? Não posso conceber um Deus aleatório em seus desígnios.

– E como o Espiritismo explica tudo isso?

– O Espiritismo vê, como ponto de partida, uma origem que é a mesma para todos. O Espírito é criado, por Deus, simples e ignorante. Nasce em um corpo, aqui, neste planeta, com a finalidade de se depurar e se elevar, porém, possui o livre-arbítrio de suas atitudes.

– E quando erra?

– Nova oportunidade lhe é dada de aqui voltar para reparar o erro e se ajustar com aqueles que, credores, aqui voltam a reencarnar-se.

– E como tudo começou?

– É muito difícil de se explicar, porque teríamos que dar um início a Deus e isso, ainda, não temos condições de entender. Porém, como o carvão que, ao passar por diversas transformações se modifica e torna-se um diamante de beleza indescritível e composição quase que perfeita, nós, Espíritos, também já passamos por várias escalas evolutivas deste mundo, até nascermos de uma maneira racional, com apenas alguns lampejos de inteligência. A Terra veio passando por transformações e nós continuamos atravessando diversas encarnações, para que, na experiência material mais densa, possamos evoluir no Bem.

– Mas como não nos lembramos das vidas passadas?

– Tudo o que aprendemos de bom, trazemos, latente, em nós mesmos. Nada se perde. E, se não nos lembramos de outras vidas, é por única e exclusiva bondade de Deus, para que não vacilemos em nos reformar diante daqueles que reencarnam dentro do nosso círculo de afinidades. Dia após dia, ano após ano, século após século, milênio após milênio, vimos caminhando nessa nossa marcha evolutiva para nos depurarmos e aprendermos.

– De fato, nada mais justo que, aquele que erra, reencarne em situação idêntica àquela por ele provocada, para que, pela experiência da dor, repare o mal que, talvez, tenha cometido.

– E o que haveria de mais justo que a reencarnação dentre aqueles com quem conviveu no passado?

– Nada como passarmos por lições idênticas para aprendermos a extensão do mal que cometemos. – complementa Beto.

– Você entendeu... – afirma seu Fabrício.

– Eu me lembro – continua Beto – que, em certa ocasião, lá no orfanato, causei um sofrimento tão grande a um coleguinha que, à noite, em minha cama, chorando de arrependimento e pena, só tinha uma ideia e um desejo.

– Qual? – pergunta Moacir.

– Que, só passando, também, pelo que ele passou, poderia me acalmar. E imaginava-me na mesma situação.

– E o que você fez?

– No dia seguinte, eu o procurei, pedi-lhe desculpas e, sempre que podia, ajudava-o em suas obrigações.

– Essa, também, é uma maneira de se reparar um mal cometido. Veja que você se acercou do amigo para ajudá-lo.

– Os Espíritos escolhem como reencarnar?

– Alguns, sim. Outros, talvez a maioria, voltam, compulsoriamente.

– Um dia nos lembraremos de todas as nossas encarnações?

– Certamente. Porém, é preciso que nos depuremos bastante e atinjamos uma grande plenitude para que isso aconteça.

– É maravilhoso saber que podemos auxiliar aqueles a quem amamos e que se perderam e se desviaram do bom caminho. Que júbilo devem sentir os Espíritos que puderam auxiliar, de alguma forma, seus irmãos a encontrarem o verdadeiro caminho do Bem!

– Vocês compreenderam muito bem. É natural que Deus dê, sempre, oportunidades a todos que erraram, de reparar os seus próprios deslizes, ou mesmo, passar pelos mesmos males que causaram, para poderem avaliar os dois lados da questão e tentarem, então, se regenerar no Bem.

Nesse momento, a porta se abre, dando passagem à esposa de seu Fabrício.

– Com licença. Fabrício, telefone para você.

– Esperem um minuto, por favor. Já volto.

Moacir e Beto esperam, comentando as lições aprendidas, satisfeitos com os ensinamentos tão simples que o farmacêutico lhes expõe.

– Meus jovens, – diz seu Fabrício, voltando ao escritório – preciso atender a um chamado e gostaria que vocês me acompanhassem, pois, talvez, possam aprender mais alguma coisa.

– Não iremos atrapalhar?

– De maneira alguma.

– Então, vamos.

– Já no carro, seu Fabrício lhes explica a razão dessa visita que irão fazer.

– Daqui a pouco, estaremos na residência de uma pessoa que tem problemas obsessivos por parte de Espíritos já desencarnados. Como você teve, ontem, Beto. Quando voltarmos, eu lhes explicarei melhor. Apenas peço a vocês que, por todo o instante em que lá estivermos, fiquem em oração, pedindo auxílio a Jesus para a pessoa que irei atender.

– Vamos tentar.

– Mais alguns minutos, e estacionam defronte de uma casa modesta, onde um homem já os espera, no portão.

– Boa noite, seu Fabrício.

– Boa noite, seu Avelino.

– Desculpe-me incomodá-lo a esta hora, mas é que minha filha está tendo umas atitudes meio estranhas e falando outras tantas coisas sem nexo... eu não entendo muito de passes e quem chamou o senhor foi o meu vizinho, seu Armando. Gostaria que soubesse que não tenho nada contra, muito pelo contrário, gostaria que se sentisse à vontade. Como já disse, não entendo dessas coisas e o Armando me assegurou que isso é coisa de Espíritos.

– Vamos ver sua filha. Quem está com ela?

– O Armando e minha mulher. Dora!!! Ô Dora!!! – grita o homem, pela esposa, já abrindo a porta da rua. – Entre, seu Fabrício.

Os três entram na pequena sala da casa e uma mulher gorda sai de uma das portas que dá para esse cômodo.

– Ela está lá dentro. Não fala mais nada, mas fica

com aqueles olhos esbugalhados, olhando para o teto. Entre, seu Fabrício, fique à vontade. Prefiro ficar aqui, na sala.

Dentro do quarto, a cena é, realmente, chocante, pelo estado fisionômico da pobre moça. Deitada, com o corpo enrijecido, seu olhar fixo parece querer fazer saltar os olhos das órbitas.

– Seu Fabrício, ainda bem que o senhor atendeu ao meu chamado. – diz Armando.

– Afaste-se um pouco e sente-se, ali. Você, Moacir, – diz, auxiliando o rapaz a encontrar a cadeira – sente-se aqui e faça o que lhe pedi. Quanto a você, Beto, encoste-se na porta e observe. Seu Armando, ore por ela e mentalize uma luz suave descer por sobre todo o corpo da moça.

Nesse instante, seu Fabrício cerra, calmamente, os olhos e pede:

– Jesus, bom e amado Mestre, auxilie-nos mais uma vez. Permita que Teus enviados do espaço que, aqui já se encontram, possam auxiliar-me na ajuda a essas pobres criaturas que se comprazem em fazer o mal, insistindo, talvez, num tolo instinto de vingança ou maldade. E, em nome de Deus, nosso Pai e Criador e, em nome de Jesus Cristo, peço a essas infelizes criaturas que deixem essa pobre moça em paz e que abram os seus olhos para a verdadeira vida.

Dizendo isso, seu Fabrício, com as mãos espalmadas, por sobre a cabeça da moça, a alguns poucos centímetros de distância, parece estar lançando algo sobre ela, que se debate, como se tivesse recebido toda uma descarga de energia. Por algumas vezes mais, seu Fabrício faz os mesmos gestos e movimentos, percebendo-se os mesmos estertores por parte da garota.

– Meu Deus, que essas criaturas recebam toda essa luz, em forma de entendimento, calma e paz. Que elas sintam o doce vibrar sonoro das notas celestiais e que desabroche, no coração de cada uma, aquela pequenina chama de amor, que sabemos todos possuir, por piores que sejamos.

Seu Fabrício continua com os mesmos gestos, passando, depois, a percorrer, também, a alguns centímetros de distância, todo o corpo da moça. Os estertores vão diminuindo e, de repente, o olhar esbugalhado desaparece, o enrijecimento muscular se desfaz, e a moça parece despertar. Meio sonolenta e cansada, pergunta;

– O que está acontecendo? Quem é o senhor?

– Seu Armando, – pede Fabrício – chame os pais dela.

Os pais entram no quarto.

– Graças a Deus! – exclama o pai.

– Minha filha! – abraça-a, dona Dora.

– O que aconteceu? – pergunta, atônita, a moça.

– Por favor, – aconselha seu Fabrício – descanse, agora. Você teve, apenas, um mal-estar e lhe dei alguns sais para cheirar. Mas, amanhã, de manhã, gostaria que fosse até a minha farmácia, para conversarmos um pouco..

– Eu desmaiei?

– Foi, mais ou menos, isso. Mas agora, descanse. Faça companhia a ela, dona Dora e evite conversar. Ela precisa de repouso.

– Pode deixar, seu Fabrício. Já entendi.

Os outros saem.

– O que aconteceu com minha filha? – pergunta o pai. – Pode dizer-me.

– Bem... sei que o senhor não acredita muito nisso.

– Acredito em tudo, seu Fabrício.

– Sua filha possui o que chamamos de mediunidade e estava, por essa razão, sendo alvo de alguns Espíritos inferiores, mas que também precisam ser auxiliados. Amanhã, gostaria que ela fosse me procurar na farmácia, quando tentarei lhe explicar o que ocorreu. E será necessário que ela tome outros passes no Centro Espírita.

– Ela irá.

– Se o senhor e dona Dora também puderem ir conversar comigo, será bom.

– Nós iremos, sim.

– Bem, então, vamos andando. Até amanhã.

– Quanto lhe devo, seu Fabrício?

– A mim, nada, porém, deve muito a Jesus. Ore bastante.

– Muito obrigado, então. E Deus lhe pague.

No caminho de volta, seu Fabrício nada comenta a respeito, mas, assim que chegam, Beto não se contém e pergunta-lhe, imediatamente:

– Seu Fabrício, o senhor poderia nos explicar melhor o que ocorreu lá e, também, o que aconteceu comigo?

– Vou tentar, mas não se esqueçam de que, para entender, a fundo, essas questões, terão que estudar e esforçar-se.

Fabrício medita por alguns instantes, e recomeça:

– Quando um Espírito desencarna, a sua evolução moral é que o localizará em determinado plano, onde dará vazão à sua índole. Se tiver uma elevada moral e grande desapego às coisas materiais, logicamente, entrará em contato com Espíritos de mesma conduta. Se for de baixa moral e, em demasia, apegado à matéria, sofrerá as consequências de seus próprios atos, localizando-se em planos tão inferiores quanto a sua maneira de ser. Quando me refiro ao apego às coisas materiais, reporto-me, não somente à matéria bruta, mas também e, principalmente, aos prazeres e defeitos deste mundo físico, dentre outros, a luxúria, o egoísmo, a inveja, a maledicência. Entre esses dois exemplos, existe toda uma gama de planos, diversificada pelos mais diferentes aspectos de pensamento e de conduta.

– Quer dizer que existe mais de um plano, no lado de lá?

– Oh, sim. São inúmeros e se interagem de acordo com a necessidade evolutiva. Mas, continuando minha explicação, existem muitos Espíritos que, ao desencarnar, pelo fato de terem vivido muito ligados às coisas materiais, ficam localizados num plano bem próximo a este nosso. Muitos, até, como se estivessem num estado de torpor e de sonho, não percebem que já não pertencem mais a este nosso mundo e aqui ficam perambulando junto a coisas e pessoas a que ou a quem muito se apegaram nesta vida do lado de cá. Outros, ainda, sabendo ou não de seus verdadeiros estados, procuram vingar-se de pessoas que lhes foram inimigas nesta, ou em encarnações passadas. Vejam, vocês, quantos inimigos devemos ter suscitado ao longo de todas as nossas encarnações que, acredito, podemos contar às centenas ou milhares. Ao mesmo tempo, muitos amigos e irmãos devemos, também, ter conquistado nas nossas vidas sucessivas. Quantos inimigos nos tentam induzir ao mal e quantos amigos nos aconselham, e nos inspiram a seguir o caminho do Bem. É preciso viver, sempre, com o pensamento voltado para o amor e a caridade, para que possamos, somente, "ouvir" o que nos aconselham esses nossos amigos, através da inspiração.

Fabrício faz ligeira pausa para que os moços reflitam sobre o que falou.

– Voltando ao assunto, as vinganças a que entidades inferiores se dedicam, podem ser dirigidas aos próprios inimigos ou a pessoas que são caras a esses desafetos. E o que fazem? Prendem-se, constantemente, a elas, invadindo-lhes a mente com pensamentos, ideias ou estados que lhes acarretam grandes males, como é o caso dessa moça que fomos socorrer.

– E como o senhor conseguiu afastá-los?

– Foi preciso mostrar-lhes que existe uma força superior e foi o que fiz, ou melhor, foi o que fizeram os Espíritos Superiores, por meu intermédio. Não conseguiram enfrentar tamanha luz e tanta vibração de amor, sendo, por isso, praticamente, anestesiados por ela, e levados para lugares onde tentarão esclarecer-lhes as reais verdades da vida.

– Quer dizer que o passe destinava-se a esses Espíritos obsessores?

– A maior parte dele, sim. Outra, foi utilizada para acender no coração daquela infeliz, bons pensamentos e boas vibrações, pois, na maioria das vezes, e é lógico que existem exceções, são os maus caminhos do pensamento invigilante que levam a pessoa a entrar em sintonia com essas entidades.

– E como o senhor faz para dar o passe?

– Apenas sou um instrumento nas mãos bondosas e pacientes de Espíritos Superiores. O que possuo e muitas outras pessoas possuem, inclusive aquela pobre moça, chama-se mediunidade que, nada mais é do que a faculdade de servir de intermediário entre os dois planos da vida.

– Mas por que esses Espíritos Superiores não fizeram o que tinham que fazer sem a ajuda do senhor?

– Porque esses obsessores, estando sintonizados numa faixa tão inferior, só conseguem visualizar, ouvir ou sentir emanações vindas de planos mais inferiores ainda ou de planos materializados, como o nosso. Então, a energia captada e extraída do meu corpo, foi sabiamente manuseada por entidades superiores que ali se encontravam com esse propósito. Com o tempo, e com o tratamento que lhes serão dispensados, talvez consigam ver e ouvir esses outros seres que querem auxiliá-los.

– E se não conseguirem?

– Poderão, então, ser encaminhados a trabalhos especialmente realizados para esse fim. Como já lhes expliquei, Espíritos há que não conseguem entender a situação em que se encontram, após a morte do corpo físico. Perambulam pelos lugares a que estão acostumados, principalmente junto a familiares que, logicamente, não os enxergam, mas que, às vezes, lhes percebem, inconscientemente, a presença, através de sentimentos de tristeza ou de saudade. Outros pensam que ainda vivem deste lado, sofrendo, por algum tempo, os últimos momentos de sua vida material. Para eles, é como se estivessem em um sonho confuso, porém, bastante real, por exemplo, num leito de hospital, nos momentos cruciantes de um desastre automobilístico. Quantos não revivem cenas terríveis, das quais foram causadores e protagonistas, que a própria consciência culpada lhes amolda à mente! Há aqueles, também, como já comentamos, que sabem que já partiram para o outro lado e tentam vingar-se de pessoas por quem o sentimento de ódio é mais forte que a razão. Outros, se revoltam por terem abandonado o corpo, pela morte deste, ou então, por não terem encontrado, depois da morte, o Céu tão esperado, entregando-se, conscientemente, à prática do mal e do desatino! Muitos, sofrem as dores da consciência, em verdadeiros infernos de tormento, onde a escuridão e os gritos acusatórios são uma constante.

– Como se fosse um inferno mesmo?

– Exatamente. É por isso que o homem, trazendo, latente, ainda, imagens das situações por quais já passou, há tempos, insiste nesse pensamento de Céu e inferno. De fato, o inferno é justamente isso. Espíritos há que chegam a ter visões demoníacas e infernais, nos planos mais inferiores, que vibram no interior deste nosso Planeta. Porém, por todas as encarnações que já passamos, é evidente que, se atraímos e fizemos inimigos milenares, também conquistamos outros tantos que muito nos amam, por piores que tenhamos sido ou que ainda o sejamos. E, muitos, já evoluídos, descem a estas profundezas para, num trabalho árduo e abnegado, influenciar esses infelizes, por meio de vibrações de amor, para que abram seu coração a Deus. E, quando assim o fazem, novas oportunidades lhes são oferecidas para que reparem os males cometidos e se renovem no caminho do Bem.

– E quanto às sessões espíritas?

– Uma das maneiras que os Espíritos elevados se

utilizam para abreviar o trabalho de conscientização do Espírito inferior, é a que é utilizada nessas reuniões. As entidades ou Espíritos são levados até os Centros Espíritas onde, por intermédio de médiuns, conseguem falar e ouvir a voz de um outro encarnado que procura doutriná-los e chamá-los à razão. Nessa ocasião, utilizando-se de um material chamado ectoplasma, que é retirado de outros tantos médiuns doadores, são criados quadros, onde desfilam cenas de vidas passadas desses Espíritos, ou fatos da última encarnação ou de outras encarnações, que lhes toquem os sentimentos. Inclusive, muitíssimas vezes, lhes é permitido enxergar entidades superiores que lhes são caras, para que atendam aos apelos mais profundos de seu coração. Quantas mães, Espíritos evoluídos, lhes surgem à frente, para tocar-lhes o íntimo da consciência e chamá--los à razão!

– O trabalho é intenso!

– Sim, mas o trabalho real é efetuado do lado de lá. Como já disse, somos apenas instrumentos nas mãos dos irmãos de luz.

– Muitas pessoas tomam passes, que eu sei. – diz Beto. – São todas obsediadas?

– Não. O passe, como já lhes expliquei, é uma transmissão de energias que agem nos indivíduos, dando-lhes como que um reequilíbrio em seu Espírito e perispírito, estimulando-os para o Bem. Mas, somente o passe não basta. É importante que sigam os ensinamentos do Cristo para que possam continuar em boa sintonia com o Alto.

– E as curas, das quais a gente, às vezes, ouve falar?

– Na verdade, o que comanda o corpo é o Espírito, através do perispírito...

– O perispírito é uma cópia do corpo?

– Não. O corpo, sim, é uma cópia do perispírito. Ambos se interagem, reciprocamente, e tudo o que acontece com o corpo, é refletido no perispírito e vice-versa. Agora, muitas doenças são originadas por maus pensamentos e vibrações que, agindo nesse perispírito, proporcionam ao corpo um grande número de males.

– Que maus pensamentos são esses?

– O ódio extremado, a inveja, o egoísmo, a ânsia pelo poder, a avareza. Tudo isso age diretamente no perispírito que reflete, por sua vez, no corpo físico. O passe, além de reequilibrar as correntes vitais do organismo, como já lhes expliquei, atua, também, no perispírito, podendo sanar essas máculas, fazendo com que o mesmo ocorra no corpo físico. É evidente que o passe é apenas um começo para a cura, pois as pessoas devem, logicamente, modificar seus comportamentos e pensamentos, para que tudo se processe, de maneira efetiva. Se o paciente continuar a persistir nessas más vibrações, continuará a ser vítima desses males. Jesus nos ensinou que, nós mesmos, somos os artífices de nossas alegrias e de nossas tristezas.

– E nos casos que existem médiuns que curam quase todas as pessoas?

– Existem fenômenos de cura, de "poltergeist"...

– "Poltergeist"?

– Sim. "Poltergeist" são fenômenos de efeitos físicos, onde, normalmente, objetos são atirados contra as paredes, sem que se saiba quem os atira. Outros, surgem do nada, como, por exemplo, pedras. Labaredas que se formam em diversos lugares de uma casa...

– Ah, eu já ouvi falar disso.

– Pois é, todos esses fenômenos, inclusive os de cura, são realizados, única e exclusivamente, para chamar a atenção de determinadas pessoas para esses fatos e, também, chamar a atenção do próprio homem sobre esses aparentes "mistérios".

– Voltando ao assunto das sessões, queria saber se todos os Espíritos sofredores que vão até o Centro Espírita, comunicam-se com vocês – interroga Moacir.

– Não. Apenas alguns se comunicam conosco, por intermédio de médiuns; porém, Espíritos de luz e sabedoria comunicam-se, também, conseguindo conversar com os outros e mostrar-lhes, com sábias palavras, o verdadeiro caminho a seguir, na seara de Jesus.

– É... eles ouvem a voz do Espírito através do médium.

– Sim. Esses Espíritos de luz, normalmente, não são ouvidos ou vistos por eles, porém, podem falar-lhes, diretamente ou através dos médiuns e, muitas vezes, tornarem-se visíveis, materializando-se graças às substâncias ectoplasmáticas fornecidas por esses médiuns.

– Vocês os veem, também?

– Alguns médiuns videntes, como é o meu caso, conseguem ver. Outros, ou a grande maioria dos encarnados, não.

– Que maravilha possuir essa mediunidade de vidência que o senhor tem!

– Maravilhosa, às vezes, mas amargas e tristes, em outras. Assim como conseguimos visualizar Espíritos Superiores, também, na maioria das ocasiões, somos obrigados a ver Espíritos inferiores que são verdadeiros monstros personificados, perispiritualmente.

– Puxa! O que pudemos aprender, aqui, nesta noite! – exclama Beto.

– Fantástico! – complementa Moacir – E, ao mesmo tempo, tão lógico, que ousaria, mesmo, dizer que, se assim não o fosse, não haveria outra maneira de ser.

– Seu Fabrício, explique-me uma coisa: meu pai sempre me falava que este mundo, em que vivemos, é uma cópia do outro lado da vida. O senhor, também, concorda?

– Através de livros psicografados...

– Psicografados? – pergunta Moacir.

– Psicografados, quer dizer – explica Beto – livros escritos pelas mãos de um médium, guiadas por Espíritos. Você nunca ouviu falar de Chico Xavier?

– Oh, sim.

– É isso mesmo, Beto. A explicação é essa. E, como eu estava dizendo, através de livros psicografados, os Espíritos nos relatam que este mundo é, de fato, uma cópia do mundo espiritual que está mais próximo à nossa crosta. Logicamente, existem outros mundos completamente diferentes no plano espiritual, de acordo com a evolução dos Espíritos que neles habitam. Eu aconselharia vocês a lerem os livros do Espírito André Luiz, onde ele, relatando sua vida no mundo espiritual, nos ensina como é esse mundo, suas ocupações e os relacionamentos daquele com este lado.

– E onde poderíamos arrumar esses livros?

– Tenho alguns, de meu pai. – diz Beto.

– Se vocês me permitirem auxiliá-los, poderei lhes emprestar os meus, principalmente, porque os emprestarei na ordem em que deverão lê-los.

– Isso é importante...

– Aliás, acho que devem ler, primeiro, as obras básicas de Allan Kardec, pelo menos, *O Livro dos Espíritos* e *O Evangelho Segundo o Espiritismo*.

– Quem foi, afinal de contas, Allan Kardec? – pergunta Moacir.

– Allan Kardec viveu no século dezenove, e foi um grande pedagogo e estudioso, chegando, mesmo, a publicar diversas obras de pedagogia. Ao tomar, um dia, contato com o que era chamado de mesas girantes...

– Mesas girantes?!

– Sim. Algumas pessoas sentavam-se à volta de uma mesa redonda e, depois de se concentrarem, esta começava a se mexer, a dançar e, por vezes, a pairar no espaço. Porém, o que mais atraiu a atenção de Allan Kardec, pesquisador por excelência, foi o fato de que, através de pancadas preestabelecidas, a mesa respondia, com inteligência, a perguntas que lhe eram feitas. Outras experiências, na época, eram realizadas através de um lápis preso em uma cesta, segurada pelas pontas dos dedos de várias pessoas. Essa cesta, instada a responder a perguntas, mexia-se livremente e escrevia por sobre uma pedra de ardósia. Allan Kardec, a princípio, céptico quanto aos fenômenos, começou a perceber que, realmente, havia alguma força inteligente se comunicando, pois que, ao descrever coisas e fatos a respeito de Deus, da vida e dos Espíritos, essas descrições e respostas eram iguais às recebidas por outros médiuns, em outras regiões, sem contato anterior, uns com os outros. Começou, então, a programar, já que era um excelente pesquisador, perguntas importantes que fazia a diversos Espíritos e, deste modo, colecionou e codificou todas essas perguntas e respostas, originando, daí, *O Livro dos Espíritos*. Depois, realizou *O Livro dos Médiuns, O Evangelho Segundo o Espiritismo, O Céu e o Inferno* e *A Gênese*. Fundou a *Revista Espírita* e propagou, assim, a Doutrina.

– Tudo era escrito pelo lápis na cesta?

– Não. Muitas comunicações houve através de mensagens psicofônicas, ou seja, através de médiuns que falavam sob total ou parcial controle dos Espíritos.

– E quando o senhor vai nos arrumar esses livros?

– Agora mesmo. – responde, levantando-se em direção à estante.

– Seu Fabrício...

– Pois não, Moacir.

– Desculpe importuná-lo com isso, mas...

– Pode falar.

– Como poderíamos resolver o problema de papai?

– Tenham paciência e orem bastante. Vamos fazer o mesmo, lá no Centro. E prometo que vou tentar descobrir uma forma de resolver a questão e, principalmente, ajudar aquele infeliz, talvez, até, utilizando essas faculdades de vocês. Agora, o que quero pedir-lhes, é que procurem não se preocupar muito com esse problema, por uns tempos. Vocês precisam, principalmente, estudar bastante para poderem ajudar, e orem muito, isso sim, por aquele irmão. Na verdade, ele é um Espírito sofredor e necessitado, que precisa muito de nossas vibrações de amor. Nós sabemos que, nesses casos, onde existe um coração empedernido, precisamos ter muita paciência e amor para doar. Sabemos, também, que a solução demanda um pouco de tempo, mas temos muita fé em Jesus.

Seu Fabrício, então, entrega-lhes alguns livros e, depois de explicar-lhes mais a respeito da Doutrina e dizer--lhes da importância do bom senso no estudo, dispensa-os agradecendo a colaboração recebida.

* * *

De volta ao lar e recolhidos em seu quarto, não demoram a conciliar o sono. Apenas Moacir, emocionado por tanto acontecimento e aprendizado, acorda diversas vezes e, quando dá por si, está desprendido de seu corpo. Resoluto, dirige-se ao quarto dos pais e tranquiliza-se vendo-os dormir serenamente, aproveitando para lhes admirar os rostos. Agradece a Deus pela grande dádiva, e sai do aposento. Na sala, sente uma estranha sensação e passa a ouvir, de maneira indistinta, gemidos e lamentações vindas do lado de fora da porta que dá acesso à rua. Munindo-se de inusitada coragem, roga proteção a Deus e dirige-se para fora de casa. No jardim, fracamente iluminado pelas luzes dos postes, vê vários vultos perto do portão e as vozes, agora, lhe chegam mais inteligíveis. Aproxima-se, escondendo-se atrás de alguns arbustos, e horroriza-se com a cena.

Cerca de dez negros, horrendamente transfigurados, contorcem-se no chão, gemendo e implorando. De pé e à frente deles, Moacir reconhece aquele que viu atormentando seu pai. Com os olhos vítreos e vermelhos, parece dominar os demais, eis que, de sua cabeça, na altura da testa, verdadeiros tentáculos de negra e espessa fumaça sufoca-os, pela garganta, mantendo-os estendidos na terra.

– Eu os avisei para que não molestassem meu filho. Proíbo-os de entrarem nessa casa, ou sentirão a verdadeira força do meu ódio.

Com um enorme esforço, um dos negros consegue explicar-se e aos demais.

– Nós levamos muito tempo para encontrar o homem e nos unirmos nesta vingança. Os moços sabem de tudo e vão tentar atrapalhar-nos.

– Imbecis! Vocês são fracos! Todos vocês! Derrotados pelo boticário! Um único homem derrotou-os. Vocês não são nada!

– A vingança também é nossa! – grita um outro.

– A vingança é minha!!! Vocês não tomarão parte nela. Apenas verão o resultado. Vão embora!!! Sumam, antes que eu os puna, com rigor! Vocês molestaram o meu filho, e só não descarrego a minha ira em todos vocês, pelos laços que nos unem.

– Ele não é seu filho! Ele é branco!

– Idiotas! Tolos! Não possuem uma visão ampla e poderosa. Eu enxergo com os olhos do espaço e do tempo. Vocês o veem, hoje, como branco, mas é o meu filho. É um negro! E é um dos nossos! Também sofreu na carne os padecimentos que todos sofremos! E fiquem certos: sofreu muito mais que todos nós! E eu, somente eu, abrirei os seus olhos. Agora, vão embora, que, no momento oportuno os convocarei.

Dizendo isso, o negro fita-os com mais intensidade e

aquelas negras nuvens de fumaça avolumam-se, arrancando gritos agudos de seus lábios. E todos, num esforço hercúleo, levantam-se e afastam-se gemendo, desaparecendo na escuridão da noite.

Moacir, por sua vez, refugia-se dentro de casa, antes que o negro possa perceber a sua presença. Chegando ao quarto, cerra os olhos e ora intensamente, pedindo proteção a Deus. Quando dá por si, está de volta ao seu corpo material. A princípio, não quer acordar o amigo que já havia passado por uma experiência muito amarga na noite anterior, mas não resiste e, assim o faz. Conta tudo a Beto, que o ouve, estupefato.

– Será que o que senti foi provocado por eles?

– Acho que sim.

– Não entendo por que esse negro insiste em chamar-me de seu filho.

– Acredito que nunca mais farão nada a você. Pareceu-me que ficaram com muito medo do castigo que lhes foi prometido, em caso de desobediência.

– Não consigo entender nada disso. Ele fala em vingança contra seu pai. Por outro lado, defende-me dizendo que sou negro, também, e que sofri padecimentos iguais aos dele...

– Será que isso terá alguma coisa a ver com reencarnação?

– Só pode ser, Moacir. E, pelo que aprendemos hoje...

– Você teria sido filho dele, em outra vida?

– Eu ainda não entendo bem disso. Se isso for verdadeiro, eu reencarnei como branco... mas... não entendo. Ele passou a enxergar-me como negro.

– Eu acho que ele passou a vê-lo como em outra encarnação, quando era, então, seu filho.

– Só pode ser isso. Talvez seja por esse motivo que tenho a impressão de já conhecê-lo e sentir muita pena dele.

– E o que faremos? Ele insiste em vingar-se de meu pai. Que será que ele teria feito? Se você visse as expressões de ódio no olhar daqueles negros!

– Vamos seguir os conselhos do seu Fabrício e esperar. Acredito que somente poderemos fazer alguma coisa para ajudá-los, quando tivermos angariado o conhecimento necessário.

– Vamos orar, Beto. É o melhor que temos a fazer, por enquanto.

VIII

Revelações

COM A MANHÃ, COMO FREQUENTEMENTE ACONTECE, TODOS os anseios e temores se desvanecem um pouco, e Moacir e Beto têm um dia calmo.

À noite, os dois, novamente se reúnem no quarto de dormir, com o intuito de continuarem os estudos.

– Moacir, estou muito preocupado com seu pai. Achei-o muito abatido, hoje. Quase não conversou no jantar.

– Também percebi isso. O que ele está fazendo, agora?

– Está sentado, na sala, assistindo à televisão.

– E mamãe?

– Está com ele.

– Acho que vou descansar uns minutos, Beto. Daqui a pouco, nós continuaremos os estudos.

– Está certo. Vá deitar-se. – "Engraçado – pensa Beto –, Moacir sentindo sono a esta hora!"

O amigo deita-se e fica quieto, enquanto Beto apanha uma revista e começa a folhear. Alguns minutos se passam e, de repente, Moacir sussurra baixinho, parecendo não querer sair daquele estado de sonolência:

– Beto...

– Hum...

– Escuta... tente entrar em sintonia mental comigo... vou me desprender...

Beto quer perguntar o porquê daquilo, mas, não querendo tirá-lo daquele estado, cerra os olhos e concentra-se.

Ao cabo de alguns minutos, já se vê vislumbrando as cenas através da mente do amigo.

Desprendido, Moacir vai ter à sala e vê seus pais assistindo a um programa de televisão. Percebe que sua mãe está diferente. Intenso halo luminoso lhe envolve o corpo, principalmente, a área em volta da cabeça. Concentra a vista em seu pai e chega, mesmo, a recuar alguns passos, diante do que vê: o negro está, novamente, ao seu lado. De sua mente, saem, mais uma vez, cordões de espessa fumaça escura que descem por sobre o corpo de Silva, envolvendo-o. A maior parte desse material, no entanto, se lhe concentra na garganta. Quando o homem vê Moacir, sorri, maquiavelicamente, e achega-se, mais ainda de sua vítima, tentando envolvê-la, completamente. Silva começa a empertigar-se na poltrona, dá algumas tossidas e começa a suar.

– Não estou me sentindo bem, Nega.

– Meu Deus!... Está pálido! O que você sente?

– Não sei... um mal-estar...

– Vá deitar-se um pouco.

– Não sinto vontade.

Dona Nega levanta e senta-se ao lado do marido, começando a lhe acariciar os cabelos, numa tentativa de acalmá-lo. Aquele halo luminoso que ela possui, em torno de si, começa a envolver, também, o marido, cada vez mais fortemente, acabando por expulsar aquela figura, aquele Espírito, de perto dele. Contrafeito, com ódio no olhar e, com uma expressão de desapontamento, ele dirige-se, agora, em direção a Moacir que, instintivamente, dá alguns passos e abraça-se aos pais, tornando-se, também, parte daquela luminosidade que os envolve.

– Hoje, ela me venceu, – grita o Espírito a plenos pulmões. – mas não desistirei! Acabarei com esse nojento assassino! E, quanto a você, fique longe disso! Muito cuidado! A sua hora também chegará! Malditos sejam! Miseráveis! Mas ele me paga! Assassino!

Quanto mais grita essas frases, mais horrendo fica aos olhos de Moacir.

Nesse momento, dois Espíritos, um velho e um moço, também nimbados daquela luz brilhante, mas muito mais intensa, entram no recinto e, fazendo alguns gestos por sobre o obsessor, conseguem com que fique, o que pareceu a Moacir, paralisado. Pegando-o pelos braços, levam-no dali, em direção à rua.

Moacir mentaliza sua decisão, na tentativa de se comunicar com Beto, e sai atrás dos três, seguindo-os pela cidade, até se defrontar com uma casa simples, às escuras, por cuja porta lateral, entreaberta, os três entram. Moacir segue-os.

Lá dentro, tudo é diferente. Difícil seria, para ele,

explicar o que vê, pois, na verdade, consegue enxergar dois ambientes ao mesmo tempo. Nunca conseguiria meios para relatar, a alguém, essa insólita maneira de ver. Vislumbra uma sala às escuras, iluminada apenas por uma pequenina lâmpada vermelha que lhe dá uma iluminação de penumbra e meditação. Oito pessoas encontram-se sentadas à volta de uma grande mesa retangular, com os olhos cerrados e as mãos por sobre o tampo da mesa. Outras seis se localizam em bancos, como se estivessem assistindo à reunião.

Ao mesmo tempo em que vê essa cena, que percebe ser o lado físico do local, vê, também, um ambiente se justapondo a esse, bastante iluminado por luzes que não consegue distinguir de onde provém. Centenas de pessoas, que acredita serem Espíritos já desprendidos do corpo, pela desencarnação, ali se aglomeram, uns em prece, outros em choro convulsivo e outros, revoltosos, proferindo insultos e imprecações, em altos brados.

Seres luminosos, como os que vira trazer aquele negro de sua casa, ali se dispõem, como se fossem guardiões do recinto. Halos e feixes de luz dividem o ambiente, separando aquelas pessoas desprendidas em diferentes grupos distintos. Um homem, sentado ao centro da mesa, profere linda prece, em nome de Jesus. Tão extasiado se encontra, com tudo o que vê e ouve, que não nota quando alguém chega ao seu lado, somente dando-se conta, quando a criatura fala com ele:

— Meu irmão...

Moacir não consegue falar, tão deslumbrado fica ao se deparar com aquela figura tão iluminada e de expressão tão serena.

– Não tenha medo. E não precisa dizer nada, pois já conheço os seus problemas. Nada tema e tenha, sempre, muita fé em Jesus Cristo e em Deus, nosso Pai. Aguarde um momento.

Dizendo isso, o estranho dirige-se até a mesa e, fazendo uma imposição de mãos por sobre a cabeça de uma das pessoas ali sentadas, passa a irradiar-lhe bastante luz, envolvendo-a e fazendo com que ela levante os olhos em direção a Moacir. Feito isso, aquele ser de luz segreda-lhe algo nos ouvidos. Moacir não consegue entender como eles podem se comunicar um com o outro e como aquele homem, que não estava desprendido como ele, consegue enxergá-lo. – Talvez seja um médium vidente. – pensa.

Segundos depois, a figura luminosa volta a ter com ele.

– Aguarde um momento, e ore. Ore bastante e tenha coragem e fé em Deus. Você e seu amigo Beto que, pelo pensamento, está também aqui presente, nada devem temer, mas sim, concentrar-se na oração.

Dizendo isso, dirige-se a uma multidão de outros Espíritos sofredores e, a um sinal seu, dois outros seres luminosos trazem para o centro da sala o negro que fora trazido de sua casa. A seguir, levam-no próximo a uma das pessoas que se encontram à mesa e, depois de "ligarem" os dois, por meio de fortes fluxos de safirina luz, um dos presentes à mesa pronuncia-se:

– Fale conosco, irmão, em nome de Jesus! O que o traz aqui?

Alguns segundos se passam e, após nova insistência, o negro começa a falar e Moacir percebe que o ouve através do médium que a ele se encontra sintonizado.

– Eu não vim aqui. Trouxeram-me. O que vocês querem de mim?

– Nós queremos apenas alertá-lo para que não continue a prejudicar-se dessa maneira.

– Só quero fazer vingança, pelo que foi feito aos meus filhos!

– Não se pode pagar o mal com o mal.

– Não me venha com essas histórias! Para mim é olho por olho! O assassino tem que pagar!

– Ele já está pagando pelo mal que cometeu.

– Você não sabe o que sofri e o que sofreram os meus filhos! Ele tem que pagar!

– E quando você terminar essa sua vingança? O que acontecerá? Você já pensou nisso, alguma vez?

– Não me interessa! O que sei é que quero justiça e vou cuidar disso!

– Será que depois da vingança, você conseguirá encontrar-se com seus filhos?

– Um eu já encontrei!

– Meu amigo, quanto mais adiante você levar essa sua ideia de vingança, mais longe você estará daqueles que ama. Os seus filhos já perdoaram, há muito tempo, os seus algozes, e hoje, tudo fazem para auxiliá-los, na caminhada em direção a Deus.

– É mentira! Não acredito!

– Meu irmão, abra bem os olhos d'alma e veja a verdade que se descortinará à sua frente.

Ao dizer isso, e com grande movimentação por parte daqueles Espíritos luminosos, ali presentes, ao redor da mesa, um estranho material branco, de consistência bastante sutil começa a ser extraído das pessoas que estão ali sentadas e é utilizado em questão de segundos, para formar uma enorme tela por detrás da mesa.

E, como se fosse um cinema, nessa tela ectoplasmática surge, de maneira quase que real, uma paisagem campestre, mostrando uma fazenda, com seu casarão, casas de colonos e grandes barracões. A seguir, como que num "zoom" cinematográfico, o casarão vai-se aproximando num "close" e sua porta é aberta, dando passagem a dois homens. Fortemente armados e com chicotes na mão, trazem, preso na canga, um negro de peito nu, descalço, vestindo apenas uma calça rota e suja. Logo atrás, sai um homem corpulento e bem vestido que denota ser o senhor daquelas terras.

Nesse momento, Moacir tem um frêmito de espanto. O rosto do homem que, a princípio, possuía barbas e bigode, de repente, transforma-se no de seu pai, Silva.

– Coloquem esse negro imundo na câmara da cegueira e aproveitem para tirar o Pedro de lá, que já deve estar pronto para virar a mó.

A cena modifica-se e aparece uma construção de madeira, calafetada com barro, onde, por uma porta dupla, para não entrar luz alguma, os homens levam o negro até o seu interior. Este se debate e grita por clemência. Alguns segundos depois, retiram um outro negro, adolescente ainda, que, ao sair, dá um grito lancinante e, libertando-se dos capatazes, tapa os olhos com as mãos.

– Façam-no olhar. – esbraveja "Silva", que já aparece, na tela, junto aos outros.

Os homens, rudemente, retiram as mãos do negro e abrem os seus braços.

149

– Amarrem-no no chão, olhando para o sol. Abram seus olhos e joguem sal.

A alguns metros de distância, amarram o negro com braços e pernas estendidos e apoiam sua cabeça em dois tocos de madeira para que fique com os olhos voltados para o sol.

– Tragam os outros escravos para que vejam o que acontece com aqueles que me desobedecem.

Nesse instante, um dos capatazes começa a rir, sadicamente, e dá pulos de insana alegria pelo sofrimento do negro, até que, a exemplo do patrão, seu rosto também se transfigura e Moacir e Beto quase não conseguem acreditar no que veem: sua fisionomia transforma-se na de Vereda.

A seguir, chegam ao local outros negros, fortemente escoltados, para assistirem ao castigo. Junto a esses escravos, sobressai-se um, que apesar da cor negra é prontamente reconhecido como o próprio Moacir.

A partir daí, acontecimentos tristes, angustiantes e chocantes, começam a descortinar-se na tela, arrancando soluços de emoção no Espírito obsessor. Ele mesmo passa a ser o protagonista do desenrolar dos fatos, pois que, saindo do meio da multidão negra, corre em direção ao moço que, no chão está estendido, e abraça-o.

– Meu filho! Meu filho! Eles o cegaram!

Seu olhar volta-se, então, para "Silva" e "Vereda", com uma intensa expressão de revolta e ódio.

– Malditos! Um dia vocês me pagarão! Eu os pegarei! Vocês irão para o Inferno! Disso eu tenho certeza!

– Cale-se, negro imundo!

– E quero encontrar-me com vocês lá! E vou providenciar isso, agora! Preciso, também, ser um assassino!

Dizendo isso, de um salto, saca de uma faca, escondida dentro das calças e parte, correndo, em direção da casa grande.

– Peguem-no! Matem esse negro! – grita, desesperado, "Silva".

Todos os homens atiram, mas não o acertam. Com uma velocidade incrível e uma destreza que o ódio lhe imprime às pernas e ao corpo todo, salta por sobre as fileiras de arbustos e entra na casa. Todos correm em seu encalço, disparando as armas. Quando chegam à porta, encontram-na trancada pelo negro.

– Arrombem-na!

E, enquanto estão tentando derrubá-la, ouvem, vindo lá de dentro, um angustiado grito de dor.

A porta cede e, como num filme, a cena é "cortada", aparecendo, já, todos dentro da sala e "Silva" que aperta, contra o peito, uma mulher morta, com uma faca enterrada no coração.

– O negro conseguiu fugir! – grita um dos homens.

"Vereda" sai correndo da casa, gritando:

– Eu vingo a "sinhá", patrão!

Corre pela fazenda até um dos barracões e volta, lá de dentro, arrastando, pelo braço, um menino com cerca de cinco anos de idade. Monta em um cavalo e, com a criança que, na garupa, quase não consegue segurar-se na cintura do homem, sai galopando em direção a uma cerrada mata. Galopa, por muito tempo, em ziguezague, pelo meio das árvores que parecem fechar-se à sua passagem.

Para, finalmente, o cavalo e, atirando o menino ao chão, volta, em disparada carreira.

Aparece, então, o rosto do negrinho que, chorando de medo, transfigura-se num menino branco, facilmente reconhecido como Beto.

A tela, então, é desfeita e o Espírito do negro que ficou cego, aparece, bastante luminoso, por detrás da mesa e, por intermédio de uma das pessoas, começa a falar:

– Meu pai!

– Filho! – responde, já entre lágrimas, o negro obsessor.

– Quantos anos de luta e orações, pai! Quase um século!

– Meu filho! Você é luz!

– Depois de todo o episódio que você viu e que o fez recordar-se da sua vida passada, todos nós, depois de alguns anos, cada um a seu tempo, desencarnamos e passamos para o verdadeiro lado da vida, que é a espiritual. Por quanto tempo, nos arrastamos nas lamas da revolta e da vingança! Quanto tempo! Mas, um dia após o outro, cansados de tanto ódio e tanto sofrer pelo fel que trazíamos em nosso coração, lembramo-nos de Deus, nosso Criador, e começamos a trabalhar, neste lado de cá, em proveito dos mais necessitados. Quando eu falo de todos nós, refiro-me, também, àqueles pobres infelizes que, cegos de poder, foram nossos opressores na vida terrena.

Um soluço corta as palavras do filho.

– Só você, meu pai, e alguns outros pobres infelizes, não quiseram se libertar dessa sede de vingança que a nada conduz, a não ser ao próprio sofrimento e às trevas.

Todos os nossos algozes do passado se voltaram para o Alto e muito já sofreram, oprimidos cruelmente pela própria consciência. E todos já voltaram a reencarnar-se no mundo material, para resgatarem o mal que cometeram.

O obsessor, banhado de lágrimas pela emoção, está surpreso com as revelações do filho.

– O senhor já sabia e percebeu, pelas transfigurações assistidas há pouco, quem são, hoje, aqueles nossos agressores. Silva, que no passado, foi o nosso cruel patrão, voltou para ter um filho cego, com o intuito de sentir, ainda mais fortemente, na própria carne e no próprio lar, o que é ter um filho assim. E, saiba você, meu pai, que essa escolha foi dele. Saiba, também, que Moacir foi, nada mais, nada menos do que um dos jovens escravos que, como nós, foram bastante castigados por ele e que, dono de um grande coração e, dentro de um desprendimento maior ainda, a isso sujeitou-se, na tentativa de auxiliar aquele que foi o seu maior algoz.

As lágrimas que, de há muito não abandonavam os rostos de Moacir e Beto, agora brotam mais profusamente de seus olhos, pela emoção incontida.

– Vereda também teve um filho, o mesmo que abandonou na mata, no passado. O seu filho, pai! Aquele seu filho negro, meu irmão, que morreu abandonado, pai, nasceu, agora branco, no lar de seu executor, também reencarnado. Porém, pelos desígnios do Alto, essa criança lhe foi roubada, fazendo com que Vereda sofresse o mesmo que você sofreu. E ela foi abandonada às portas de outro dos nossos negros, reencarnado como branco e ligado a Silva, como empregado de sua fábrica, no intuito de se aproximarem. Essa criança que, no pretérito, foi seu filho, pai, é Beto, como você já sabe.

Beto tem novo estremecimento de emoção.

– Infelizmente, Alberto, pai adotivo de Beto, não soube arrefecer seu ódio para com aquele que, um dia, foi seu cruel patrão e sucumbiu à morte, por ele mesmo provocada, quando tentou um tolo e perverso movimento grevista. E, hoje, ele também está aqui presente para assistir a essas revelações.

Um choro convulsivo irrompe dentre a multidão de Espíritos. Moacir volve o olhar em direção ao Espírito de um homem que, genuflexo, chora, desesperadamente, com o olhar voltado para o Alto, como que em prece de arrependimento, enquanto Beto tem um choque ao reconhecer, por súbita revelação de suas lembranças, o pai que o criou até os quatro anos de idade.

– E eu desencarnei por minha própria culpa, – diz, soluçando, Alberto – pois fui eu quem fomentou toda a greve. Não havia razão para ela. Eu a fiz, somente porque um torpe sentimento de ódio impelia-me a isso. Jesus, dê-me uma oportunidade!

– Alberto. – clama o negro iluminado – Olhe à sua frente e veja quem lhe tem seguido os passos todos esses anos, na esperança de auxiliá-lo. Vamos, homem! Abra os olhos de seu coração!

É quando iluminada mulher vem postar-se à frente de Alberto que, visivelmente emocionado não acredita no que vê.

– Eunice! Minha querida Eunice! Que felicidade, meu Deus! Quanto tempo vaguei pelas trevas, procurando por você e pelo nosso filho! Onde está ele? Onde está o nosso filho?!

– Venha comigo, Alberto. – pede, com voz meiga e

carinhosa, a mulher. – Venha. Vou levá-lo para um lugar de repouso e aprendizado. Depois visitaremos nosso filho.

O homem levanta-se alquebrado e abraça-se à esposa, chorando como uma criança faltosa que encontrou carinho e perdão. E, abraçados, abandonam o local.

Beto chora, copiosamente, pois reconheceu, também, sua mãezinha e, Moacir ligado a ele pela mente, sente toda a emoção do amigo, parecendo ouvir-lhe pronunciar:

– Mamãe! Mamãe!

E o negro continua a explanação ao obsessor que também derrama grossas lágrimas de emoção.

– Por outro lado, meu pai, Vereda soube conformar-se com os desígnios do Alto e dedicou-se muito em ajudar as crianças órfãs e abandonadas, com seus programas e shows beneficentes. E foi recompensado: o filho retornou a ele, através de uma adoção caridosa. E, atualmente, é Silva quem olha por ele, como se fosse seu próprio filho.

– O mal está sendo dizimado e corrigido pelo Bem! – exclama, entre soluços, o obsessor.

– Agora, vem comigo, meu pai, que eu lhe mostrarei o caminho da renovação e da paz. Você terá muito trabalho pela frente, mas estaremos todos juntos, auxiliando-o. O Alto não nega oportunidade a seus filhos e ainda temos de auxiliar muitos de nossos irmãos que estão envolvidos pela revolta e desejo de vingança.

Então, iluminado Espírito de um jovem chega-se à frente de Moacir e faz-lhe alguns movimentos com as mãos, por sobre sua cabeça. Num átimo de segundo, vê-se, sem precisar fazer o caminho de volta, desperto em sua casa.

– Beto!

Beto abraça o amigo e nada conseguem falar. Apenas choram, em silêncio.

* * *

No dia seguinte, os moços procuram seu Fabrício, que também estivera presente à reunião da noite anterior.

Ainda emocionados, comentam toda a sessão, detalhe por detalhe, onde o farmacêutico procura ilustrar melhor suas pequenas dúvidas.

– Onde estarão eles, agora, seu Fabrício? – pergunta Beto.

– Seu pai deve estar sendo tratado em algum núcleo de recuperação, logicamente, no outro plano da vida.

– Tratado?

– Sim. Os sentimentos inferiores e, principalmente, os de grande intensidade, como o ódio e o desejo de vingança, causam muitas lesões ao perispírito, mas, tenho certeza de que, com o seu desejo de melhorar-se e trabalhar para o Bem, logo estará restabelecido.

– Seu Fabrício, gostaria, – pede Moacir – de que nada do que aconteceu fosse contado a papai, principalmente, no que diz respeito à sua vida pregressa.

– Concordo com isso. – afirma, prontamente, Beto.

– Vocês têm razão. Nada devemos dizer a ele. Só sofreria com isso.

– E quanto às outras pessoas que estavam, ontem, lá no Centro?

– Podem ficar tranquilos que elas nada dirão, pois é de nossa norma guardar sigilo sobre os nossos trabalhos.

Depois de conversarem mais um pouco, os moços se despedem do amigo e voltam para casa, felizes e esperançosos.

Os dias que se sucedem são de grande harmonia no lar que habitam. Todas as noites dedicam-se ao estudo da Doutrina, onde Beto lê, sempre, em voz alta, para que o amigo também participe. Até Silva e dona Nega já tomam parte nos estudos que são, sempre, iniciados e terminados com uma prece, conforme aconselhado por seu Fabrício.

Algum tempo se passa e os moços nunca mais tentaram fazer uso de suas faculdades e prometem a si mesmos e entre si de não mais fazê-lo, a não ser, em uma ocasião que haja real necessidade.

Na verdade, seis meses os separam daquela noite de grande emoção e ensinamento e é, justamente, no dia do aniversário de Silva que a preocupação e o sofrimento vêm mais uma vez bater à porta daquele lar. Moacir que, a princípio, parecera adoecer com uma forte gripe, precisou ser hospitalizado, às pressas, com uma aguda e grave pneumonia. Muitos amigos vão lhe visitar, inclusive seu Fabrício, que sempre consegue animá-lo com palavras de conforto. No quarto dia de sua internação, à noite, o moço, já com a voz bastante dificultada, começa a falar:

– Beto...

– O que é, Moacir?

– Tenho a impressão de que estou, aos poucos, morrendo.

– Não fale isso, meu filho! – pede-lhe Silva. – Você vai ficar bom.

– Deixe-me falar, papai. Se isso acontecer, quero que

saibam que, apesar da minha cegueira, somente encontrei momentos de felicidade ao lado de vocês, principalmente agora, Beto, depois que encontramos a Doutrina tão reveladora e maravilhosa que é o Espiritismo. Não tenho medo da morte, mas quero fazer-lhes um pedido.

– Não fale tanto. Você precisa descansar, meu filho – implora dona Nega.

– Eu preciso falar, mãe. Sei que estou morrendo...

Dona Nega abraça-se a ele e, com os olhos marejados de lágrimas, começa a acariciar seus cabelos.

– Beto... em nome de tudo o que passamos juntos e em nome de tudo o que aprendemos e estudamos, peço--lhe... e que papai o acompanhe nisso... que não fiquem só na teoria do que o Cristo nos legou. Trabalhem em benefício dos mais necessitados, estendendo a eles um pouco de amor, de conhecimento e consolo cristão. Esta nossa vida, na Terra, é apenas uma das passagens e devemos aproveitá-la, fazendo o bem aos nossos semelhantes.

– Pode ficar tranquilo, Moacir, que eu não me esquecerei. – promete Beto, com lágrimas nos olhos. – Mas, não fique pensando que vai morrer, seu tolo. Gripe nunca matou ninguém. – brinca.

Moacir apenas sorri.

– E faça o favor de descansar, agora, mocinho. – complementa o pai. – Você já falou demais, por hoje.

São sete horas e quinze minutos da noite, quando Moacir lança seu último suspiro e parte deste mundo, voltando para o verdadeiro plano da vida.

* * *

– Hoje é um dia muito especial, meus irmãos. – fala seu Fabrício, na entrada de um prédio recém-construído, para centenas de pessoas, ali presentes, inclusive, para algumas dezenas de cegos, guiados por voluntários. – Há, exatamente, dois anos atrás, neste mesmo dia e mês, voltava para a verdadeira vida um moço cego que, quem o conheceu, sabe o exemplo que era de bondade e abnegação. E, hoje, dois anos depois, graças ao desprendimento e ao trabalho de seu pai, Dr. Cantídio Silva e de seu amigo-irmão Alberto Vereda, temos a felicidade de inaugurar este, que será um verdadeiro luzeiro de amor e esperança para aqueles que não têm a felicidade de enxergar como nós outros. Aqui, terão a assistência de médicos especialistas e o amor e carinho de todos nós.

Silva se encontra visivelmente emocionado e Beto chora, pois sabe que aquele homem que, no passado, mantinha uma câmara de cegueira, hoje constrói uma clínica para cegos.

– E assim, em nome de Deus Todo-Poderoso e de Seu Filho, Nosso Senhor Jesus Cristo, com uma pequena, singela e emocionada prece, nós inauguramos esta *Clínica para Cegos "Irmão Moacir Luz e Silva"*.

FIM

idelivraria.com.br

Pratique o "Evangelho no Lar"

Aponte a câmera do celular e faça download do roteiro do **Evangelho no lar**

Ide editora é nome fantasia do Instituto de Difusão Espírita, entidade sem fins lucrativos.

◯ ideeditora   f ide.editora   ✗ ideeditora

◀◀ **DISTRIBUIÇÃO EXCLUSIVA** ▶▶

boa nova editora

Av. Porto Ferreira, 1031 | Parque Iracema
CEP 15809-020 | Catanduva-SP
📞 17 3531.4444   🟢 17 99257.5523

◯ boanovaed
▶ boanovaeditora
f boanovaed
🌐 www.boanova.net
✉ boanova@boanova.net

Fale pelo whatsapp

Acesse nossa loja